卫志民 著

经济学史话

商务印书馆
创于1897 The Commercial Press
2012年·北京

图书在版编目(CIP)数据

经济学史话/卫志民著.—北京:商务印书馆,2012
ISBN 978-7-100-08916-6

Ⅰ.①经… Ⅱ.①卫… Ⅲ.①经济思想史—世界
Ⅳ.①F091

中国版本图书馆 CIP 数据核字(2012)第 028687 号

经济学史话
卫志民 著

商 务 印 书 馆 出 版
(北京王府井大街 36 号 邮政编码 100710)
商 务 印 书 馆 发 行
北京市白帆印务有限公司印刷
ISBN 978-7-100-08916-6

2012 年 8 月第 1 版 开本 880×1230 1/32
2012 年 8 月北京第 1 次印刷 印张 10⅞
定价:26.00 元

写得太多无异于写得太少。

人们通常认为经济学说史这类著作都是冗长、乏味、以不变的节奏不停地将不同经济学家的观点罗列下去的“熊彼特式”的巨著，其实这不是全部的事实。

经济学说史也可以写的简练轻松、引人入胜而又不失其深度。

内 容 简 介

让一部经济学说史成为引人入胜的图书，让一部经济学说史走下“熊彼特式巨著”的神坛，使其具有亲和力与启发性，富有阅读快感，是多么困难的一件事，但该书的作者做到了。

这是一部富有鲜明特色和原创性的经济学简史，篇幅短小又取舍得当，高度浓缩又不失细节，语言风趣又一针见血，轻松幽默又不失深度，色彩纷呈又严谨客观，读来令人爱不释手。

该书在写作上秉持了“闻其道、识其人”的原则，以经济学说史上扮演了最重要的推动者的经济学家和他们的代表作为叙述核心，不仅以精练的语言和合理的取舍概括了涉及的各个经济学家的主要思想与政策主张，还穿插了许多关于这些经济学家生平和其所处时代的介绍。这样的写作风格使该书一改经济学说史类著作冗长、罗列、沉闷、枯燥、乏味的通病，读起来趣味横生又耐人寻味、发人深省。

全书包括前古典经济学思想、古典经济学、马克思与《资本论》、现代经济学早期的发展、奥地利学派、弗莱堡学派、瑞典学派、货币学派、理性预期学派、供给学派、新制度经济学派、公共选择学派等内容，还包括世界经济学期刊排名、世界经济学研究机构排名、历届经济学诺贝尔奖金获得者、走向世界的中国经济学家等附录。

这是一部具有较高学术价值的著作，不仅适用于高等院校经济学专业、财经类专业本科生及教师、MBA、MPA、EMBA、财经类研究生课程研修班、企业精英在职研修班学员及教师选作教材或参考书，也适合于理论工作者、政府工作人员、企事业单位管理者、经济学爱好者及一般读者学习、研究之用。

您在本书中将会遇到下面这些伟大的经济学家，他们的思想和生活是多么的有趣啊……

重商主义者《圣经》的作者——托马斯·孟

解剖学教授——威廉·配第

死于一起轰动巴黎的谋杀案的银行家——理查德·坎蒂隆

法国国王的宫廷御医——弗朗斯瓦·魁奈

温家宝总理总是随身携带他的著作——亚当·斯密

遭到新中国批判最多的经济学家——马尔萨斯

拥有两亿美元资产的经济学家——大卫·李嘉图

书中涉及的主要的经济学家及其代表作一览

[英] 托马斯·孟(1571—1641),《英国得自对外贸易的财富》(1664)

[英] 伯纳德·德·曼德维尔,《蜜蜂的寓言》(1705)

[英] 威廉·配第(1623—1687),《政治算术》(1690)

[法] 理查德·坎蒂隆(1690—1734),《商业性质概论》(1755)

[法] 弗朗斯瓦·魁奈(1694—1774),《经济表》(1758)

[英] 亚当·斯密(1723—1790),《国富论》(1776)

[英] 罗伯特·马尔萨斯(1776—1834),《人口理论》(1798)

[法] 让·萨伊(1767—1832),《政治经济学概论》(1803)

[英] 大卫·李嘉图(1772—1823),《政治经济学及赋税原理》(1817)

[意] 皮埃罗·斯拉法(1898—1983),《用商品生产商品》(1960)

[英] 詹姆斯·穆勒(1773—1836),《政治经济学要义》(1821)

[英] 约翰·斯图亚特·穆勒(1806—1873),《政治经济学原理》(1848)

[法] 蒲鲁东(1809—1865),《经济矛盾,或贫困的哲学》(1846)

[法] 安东尼·奥古斯汀·古诺(1801—1877),《关于财富理论的数学原理的研究》(1838)

[德] H.戈森(1810—1858),《人类交换规律与人类行为准则的发展》(1854)

[德] 弗里德里希·李斯特(1789—1846),《政治经济学的国民体系》(1841)

[德] 威廉·罗雪尔(1817—1894),《历史方法的国家经济学大纲》(1843)

[德] 古斯塔夫·施穆勒(1838—1917),《一般国民经济学大纲》(1900—1904)

[德] 马克斯·韦伯(1864—1920),《新教伦理与资本主义精神》(1904—1905)

[德] 卡尔·马克思(1818—1883),《资本论》(1867、1885 和 1894)

[法] 保罗·拉法格(1842—1911),《马克思的经济唯物主义》(1885)、《宗教和资本》(1887)

[波兰] 米哈尔·卡莱茨基(1899—1970),《经济周期概论》(1933)

[波兰] 奥斯卡·兰格(1904—1965),《论社会主义经济理论》(1938)、《马克思主义经济学与现代经济理论》(1935)

[波兰] 保罗·巴兰(1910—1964),《增长的政治经济学》(1957)、《垄断资本:论美国经济和社会秩序》(1966)

[美] 保罗·斯威齐(1910—2004),《资本主义发展的理论》(1942)、《垄断资本》(与保罗·巴兰合著,1966)

[德] 考茨基(1854—1938),《帝国主义》(1914)

[德] 爱德华·伯恩斯坦(1850—1932),《社会主义的前提和社会民主党的任务》(1899)

[德] 鲁道夫·希法亭(1877—1941),《金融资本》(1910)

[德] 罗莎·卢森堡,《资本积累论》(1913)

[奥地利] 卡尔·门格尔,《国民经济学原理》(1871),《关于社会科学方法,特别关于政治经济学方法的研究》(1883)

[英] 杰文斯(1835—1882),《政治经济学理论》(1871)

[法] 瓦尔拉斯(1834—1910),《纯粹政治经济学纲要》(1874,1877)

[意大利] 帕累托(1848—1923),《政治经济学教程》(1906)

[奥地利] 弗里德里希·冯·维塞尔(1851—1926),《经济价值的起源和主要法则》(1884)

[奥地利] 欧根·冯·庞巴维克(1851—1914),《资本与利息》(1884)

[奥地利] 路德维希·冯·米塞斯(1881—1973),《人类行为》(1949)

[奥地利] 约瑟夫·A.熊彼特(1883—1950),《经济发展理论》(1912)、《经济周期:资本主义过程之理论的、历史的和统计的分析》(1939)、《资本主义、社会主义和民主》(1942)、《经济分析史》(1954)

[奥地利] 弗里德里希·哈耶克(1899—1992),《通往奴役的道路》(1944)、《自由宪章》(1960)、《致命的自负:社会主义的谬误》(1988)

[英] 阿尔弗雷德·马歇尔(1842—1924),《经济学原理》(1890)

[英] 庇古(1877—1959),《福利经济学》(1920)

[美] 肯尼斯·阿罗(1921—),《社会选择与个人价值》(1951)

[印] 阿玛蒂亚·森(1933—),《公共选择与社会福利》(1970)、《贫困与饥荒》(1981)

[美] 约翰·贝茨·克拉克(1847—1938),《财富的分配》(1899)

[美] 卫斯里·克莱尔·米契尔(1874—1948),《经济周期》(1913)

[美] 托尔斯坦·凡勃伦(1857—1929),《有闲阶级论》(1899)

[美] 约翰·肯尼斯·加尔布雷斯(1908—2006),《美国资本主义:抗衡力量的概念》(1952)、《丰裕社会》(1958)和《新工业国》(1967)。

[美] 瓦西里·里昂惕夫(1906—1986),《1919—1929年美国经济结构》(1951)、《投入产出经济学》(1966)

[德] 马克斯·韦伯(1864—1920),《新教伦理与资本主义精神》(1920)

[英] 琼·罗宾逊(1903—1983),《不完全竞争理论》(1933)

[英] 约翰·梅纳德·凯恩斯(1833—1946),《就业、利率和货币通论》(1936)

[美] 希克斯(1904—1989),《工资理论》(1932)、《价值与资本》(1939)

[美] 阿尔文·汉森(1887—1975),《财政政策和经济周期》(1946)、《经济政策和充分就业》(1947)

[美] 萨缪尔森(1915—2009),《经济分析基础》(1947)、《经济学》(1948)

[德] 瓦尔特·欧根(1891—1950),《国民经济学基础》(1940)

[瑞典] 维克塞尔(1851—1926),《价值、资本与地租》(1893)、《利

息与价格》(1898)和《国民经济学讲义》(上、下)(1901—1906)

[瑞典]林达尔(1891—1960),《货币和资本理论研究》(1939)

[瑞典]俄林(1899—1979)和赫克歇尔(1879—1953),《区际贸易和国际贸易》(1933)

[瑞典]冈纳·缪尔达尔(1898—1987),《货币均衡论》(1933)

[美]米尔顿·弗里德曼(1912—2006),《资本主义与自由》(1962)、《1867—1960年美国货币史》(与安娜·施瓦茨合著,1963)、《通货膨胀:原因与后果》(1963)、《货币分析的理论结构》(1970)、《名义收入的货币理论》(1971)等。

[美]罗伯特·卢卡斯(1937—),《预期和货币中性》(1972)、《理性预期与经济计量实践》(1981)、《经济周期模式》(1987)

[美]罗纳德·哈里·科斯(1910—),《企业的性质》(1937)、《社会成本问题》(1960)

[美]道格拉斯·C.诺斯(1920—),《制度变迁与美国的经济增长》(与戴维斯合著)、《西方世界的兴起:新经济史》(与托马斯合著)、《经济史中的结构与变迁》

[美]奥利弗·威廉姆森(1932—),《治理机制》(1996)

[美]埃莉诺·奥斯特罗姆(1933—),《公共事务的治理之道:集体行动制度的演进》(1990)

[美]詹姆斯·布坎南(1919—),《同意的计算》(与戈登·塔洛

克合著)(1962)、《成本与选择》(1969)、《公共选择理论》(与托里森合著)(1972)

[美] 加里·S.贝克尔(1930—),《歧视经济学》(1957)、《人力资本:特别是关于教育的理论和经济分析》(1964)、《人类行为的经济分析》(1976)

前 言

大学中所有的经济学专业都会设置经济学说史类的课程，但在经济类本科生学过的课程之中，如果问他们最枯燥、最乏味的课程是哪一门，经济学说史有很大的概率当选。

我之所以想写这部书，就是因为在我上大学的时候经济学说史是我最不愿意上的一门课。我原以为经济学说史类的书籍注定只能是冗长、枯燥、乏味的，当我发现可以不是这样的时候，就开始进行尝试了。于是就有了下面的这些文字，希望你们能够喜欢。

卫志民

2011年3月21日

目　录

第 1 章　前古典经济学思想

【爱尔兰】理查德·坎蒂隆

(1690—1734)

- 早期的经济思想
- 前古典经济学时期

虽然重商主义者在对外贸易的国家控制方面的意见是一致的，但在国内贸易问题上，重商主义者是一群机会主义者，对他们有利时就大谈自由贸易的好处，对他们不利时，就积极主张政府经济管制。

重商主义者多数是商人，作为第一代非严格意义上的经济学者，他们更多地是从自身的利益出发、用商人的眼光来理解现实经济世界的，而且也仅仅局限于对流通领域的探索，而没有像真正的经济学家一样把一国的经济系统当做一个整体来进行观察和研究。重商主义学说在内容上也仅是一些国际贸易限制政策的保护词，在他们提出的各种政策主张之间缺乏一致性和连续性，是一个松散、自相矛盾的体系。

总体来说，重商主义者对我们今天所知的经济学理论贡献甚微。重商主义者们热心于收集和保留系统的贸易统计数据的做法可能是重商主义者留给现代经济学的最重要遗产。

经济学并不是从一个确定的时点诞生的，经济学从其孕育、萌芽发展到今日，经历了一个漫长而曲折的过程，这一发展过程大体上可以区分为早期的经济思想、前古典经济学、古典经济学和新古典经济学四个阶段。

第一节　早期的经济思想

（—中世纪末）

在古典经济学的代表作——亚当·斯密的《国富论》1776年出版以前，经济学尚未形成系统的理论体系，有的只是零散的经济思想和经济学说，还不存在严格意义上的经济学。

早在古希腊时期，学者们如色诺芬[①]、柏拉图、亚里士多德就曾比较详细地论述过经济问题，但这些经济思想关注的主要是人们应当如何去从事经济活动的道德规范，他们论述经济问题的目的，也主要在于给人们从事的经济活动以道德上的指导。

在罗马取代希腊成为西方世界的中心时，欧洲的人们对商业活动的兴趣逐渐发展起来了，但在这个时期并没有多少真正的经济学分析著作问世，就今日之社会科学的发展历程而言，罗

① 色诺芬（前430—前354），古希腊思想家，专论经济的著作有《经济论》和《雅典的收入》（前355），是现有文献中最早使用“经济”一词的人。

马社会的最大成就是法律。罗马法典分为民法和习惯法，前者处理公民间的关系，后者处理公民与非公民或非公民之间的关系，罗马法典成为后来特别是中世纪经济分析出发点。从罗马衰落到18世纪末，大多数经济思想家要么是商人，要么就是法律专家。

公元476年，罗马的最后一个皇帝去世，这标志着欧洲进入了中世纪黑暗和停滞年代。在长达1 000年的欧洲中世纪，基督教在欧洲的思想文化领域中拥有完全的统治地位，罗马的天主教会拥有了强大的思想控制能力，那些被称为经院学者的（著名）牧师们成为了知识的收藏者、解释者和守卫者。[①] 在那个黑暗的年代，经济思想成为了基督教神学道德教义的一部分，成为了谴责贪婪和欲望的道德训条。[②] 用现代经济学的眼光来看，中世纪经院学者的经济思想都是些关于价格、财产和利息的谬论，他们的经济思想最终没有能够进入主流经济学的知识体系之中。但丁在他的《神曲》中，将高利贷者与伪君子、骗子、拉皮条者、魔术师一起置于地狱的第二层。

这一时期最具代表性的经院派学者是托马斯·阿奎那

① 在那个年代，整个社会实际上被划分为三个阶层，神职人员、士兵和农民，后两个阶层与知识有关的活动几乎没有什么关系。

② 在经济停滞的中世纪，一个人的所得就是另一个人的所失，所以人们更关注经济公平，把欲望的节制看作实现幸福的途径，在工业革命以后，人们的注意力就从抑制人们的贪婪本能转向了如何促进经济的增长。

(Thomas Aquinas,1225—1274),他出生于意大利的一个伯爵家庭,1259 年开始担任罗马教廷的神学顾问和讲师,被教会称为“神学泰斗”。其著作颇多,最著名者为集中世纪神学大全的《神学大全》。

总之,柏拉图、亚里士多德、托马斯·阿奎那这样的学者都生活在交易活动受到严重压抑的非市场社会中,这些早期学者对西方社会持续的影响主要不在于他们对市场运作的洞察,而在于关于社会经济活动的一些先见之明,这些思想在资本主义开始发展时便会促进经济学的形成。

从中世纪的经院学派向重商主义的过渡时期有四个代表人物:卡罗勒·莫利纳厄、托马斯·威尔逊、让·博丹和约翰·海尔斯。莫利纳厄是法国 16 世纪的著名律师,代表作为《论合约与高利贷》(1546),威尔逊的代表作为《高利贷论》,前者为收取利息辩护,后者则强烈地反对高利贷。不过他们两人的争论是一个逐渐趋于停息的争论的最后一些小规模的论战,真正重要的是博丹和海尔斯。博丹详细地分析了价格上升的五种情况,代表作是《对马莱斯特罗伊的谬论的答复》(1569)。海尔斯的代表作是《关于英国公共福利的对话》(1549),有重商主义的倾向,因此有许多人将他看作是一个早期的重商主义者。

第二节　前古典经济学时期

（中世纪末—《国富论》）

从中世纪末期到《国富论》出现的三个世纪，是政治经济学古典体系的胚胎阶段，这个阶段大体可以分为两个部分：一是重商主义阶段；一是向古典经济学的过渡时期。

重商主义时期

产生于16世纪、终结于17世纪中期的重商主义时期是西方经济学的萌芽阶段。

重商主义是伴随着16世纪初出现的比过去更强大、更集中的民族国家而发展起来的，具有民族主义和经济、军事扩张主义的色彩。重商主义是西欧民族国家资本原始积累时期占统治地位的经济学说和政策体系，是对资本主义生产方式所进行的最初的理论考察，反映了商人阶层的利益和要求。

重商主义者从商人的视角来观察世界，他们不懂得也不可能懂得把一个经济体当成一个整体来思考问题，同时，为了赢得国王的支持，重商主义者本能地把商人的利益说成是或等同于国家的利益，并且为了表明他们所主张的学说和国际贸易限制政策所追求的是国家利益，还为经济学创造了一个新的名称——“政治经济学”，这个名称在以后的二百多年中一直是西方理论经济学的标准名称。

格拉尔德·马林斯(Gerard de Malynes)是一位坚定的金块主义者，反对任何硬币的输出，是早期重商主义的代表人物。晚期重商主义代表人物有：爱德华·米塞尔登(1608—1654)，其代表作是1623年出版的《商业循环》(*Circle of Commerce*)；安东尼奥·塞拉，他的代表作是《简论无矿国家使金银丰富的原因》；托马斯·孟(1571—1641)，代表作为《英国得自对外贸易的财富》，该书写作于1630年，由其儿子在他去世后于1664年出版，这本书被誉为重商主义的《圣经》。[①] 在法国，重商主义的代表人物是法国国王路易十四的财政大臣柯尔培尔。

重商主义经济学说的核心和政策出发点是对金银货币的狂热追求与争夺，他们把积累金银当作从事经济活动的最终目的，把金银货币看成是一国真正的财富，他们认为除了开采金银矿以外，只有对外贸易才会增加一个国家的财富。而为了获得贵金属货币，对外贸易的原则只能是少买多卖，尽量扩大对外贸易的顺差。在重商主义思想盛行的时期，有的国家甚至在战争期间，只要有金银输入，也愿意将商品出口到敌国。

① 想详细了解他们思想的读者请阅读罗尔：《经济思想史》，第60—85页的内容。

为了保证贸易顺差，国家自然就会选择直接干预经济活动，所以，在国际贸易和国际金融领域重商主义是一种国家干预主义和对外扩张主义的经济学说和政策体系。进口限制和对外贸易特许权是重商主义贸易政策的主要内容，如东印度公司就获得了与印度进行一切贸易的垄断特权。为了攫取和控制海外殖民地，开拓新的市场，限制殖民地制造业的发展，以保证贵金属源源不断地输入本国，强大的海军和商业船队就成为必需的了。英国的重商主义者在1549年甚至强制实施“政治斋戒”，就是禁止国民在每周的特定日子里吃肉，以保证国内市场对鱼类的需求，因为这样做有助于维持一个较大规模的渔民规模，而渔民是海军的预备人员。

早期的重商主义非常的激进，严格禁止出口金银，并且力求尽可能地减少进口，晚期的重商主义比较注重进出口的差额，在保证能够输入更多的金银、最终获得外贸顺差的前提下并不反对金银的出口和货物的进口。

虽然重商主义者在对外贸易的国家控制方面的意见是一致的，但在国内贸易问题上有时常常又激烈地反对国家干预，在这方面他们在许多情况下表现得像是充满激情的经济自由主义者。海尔斯1549年写的《关于英国公共福利的对话》就鲜明地表达出市场力量是比政府法令更有效的资源配置者的宝贵观点。

在重商主义思想渐渐失去魅力的时候,学者们对自由贸易的辩护逐渐变成了呐喊,特别是在看待国内贸易问题时,在约翰·洛克、达德利·诺斯爵士(Sir Dudley North)、查尔斯·达文南特(Charles Davenant)和曼德维尔的著作中尤其如此,他们都表达出了亚当·斯密《国富论》中的中心论点。在倡导经济自由的学者之中,伯纳德·德·曼德维尔最为著名,他于1705年出版了一部题为《怨声喧腾的蜂房:恶棍变得诚实》的劝世诗,他认为个人邪恶(自我利益)可以产生公共福利的最大化,这其实就是亚当·斯密《国富论》的核心命题,后来这首诗以《蜜蜂的寓言》为题再版并扩充,引起了很大的轰动。

总体看来,在国内贸易问题上,重商主义者是一群机会主义者,对他们有利时就大谈自由贸易的好处,对他们不利时,就积极主张政府经济管制。在16世纪晚期,英国法律曾经要求百姓必须穿羊毛寿衣下葬,尽管按照宗教传统去世的人应该穿亚麻寿衣下葬。在1721年英国通过立法禁止消费印花棉布,以保护羊毛制品生产商的利益。

重商主义者多数是商人,他们作为第一代非严格意义上的经济学者,更多地是从自身的利益出发、用商人的眼光来理解现实经济世界的,也仅仅局限于对流通领域的探索,而没有像真正的经济学家一样把一国的经济系统当做一个整体来进行观察和研究。

重商主义学说在内容上也仅是一些国际贸易限制政策的保护辞，并未形成自己的理论体系，因而充其量仅可看作是处于孕育阶段或萌芽状态的经济学。他们提出的各种政策主张之间也缺乏一致性和连续性，是一个很松散的体系，这主要是因为当时缺乏可以共享和传给后人的、真正科学的经济学理论分析工具。重商主义文献最主要的缺点是没有能力抓住国际核算的循环性质和国内货币存量与价格水平之间的关系，比如贵金属的流入会导致通货膨胀和进口需求的增加，贵金属的流出同样会导致通货紧缩和出口竞争力的增强。国际贸易的本质是不同国家所生产的物品之间的交换，生活水平的高低反映的是物质产品消费量的多少，而不是贵金属拥有量的多少。

总体来说，重商主义者对我们今天所知的经济学理论贡献甚微，重商主义者们热心于收集和保留系统的贸易统计数据的做法可能是重商主义者留给现代经济学的最重要遗产。

尽管重商主义者并没有对经济学的发展做出直接的贡献，但他们对经济学的发展做出了许多间接的贡献。例如，重商主义者强调了国际贸易的重要性；改变了人们对商人的鄙视态度；拥有特许经营权的公司成为了今天现代公司的前身；政府不应该完全超然于商业活动之外，应该介入到商业活动中，如统一度量衡、提供货币制度和法律法规、在贸易的财务风险非常高时提供垄断特权等。

过渡时期

在英国，**威廉·配第**是从重商主义向古典经济学过渡时期最重要的英国经济学家。威廉·配第在经济学上首先提出了劳动价值理论的一些根本命题，明确阐述过商品的价值量是由生产其所耗费的劳动时间决定并随劳动生产率的变动而变动的思想。

威廉·配第在经济学上最重要的贡献是指明了经济学研究方法的一个决定性的新方向，即数量方法的引入可以使人们对社会现象的研究更加严密和精确，他撰写的著作《政治算术》这个名称就表达了威廉·配第的这一理念。《政治算术》也被看作是当今计量经济学的一种早期形式，该领域在二战后得到了蓬勃的发展。

但在其欧洲同时代的经济学家中，中国人之所以能够记住威廉·配第，往往是由于他所提出的某些强调劳动对于财富创造重要性的经济口号，如"劳动是财富之父，土地是财富之母"。

从 17 世纪到 18 世纪中叶，约翰·洛克、大卫·休谟[①]等一

① 大卫·休谟(David Hume，1711—1776)，货币数量论的代表人物之一。

批著名的思想家都是沿着威廉·配第的研究思路展开研究的，并最终由亚当·斯密将它形成一个完整的理论体系。

威廉·配第（William Petty，1623—1687）出生于英格兰的一个纺织手工业者家庭，家境贫困。威廉·配第的一生曲折而波澜壮阔，13岁就成为一名商船上的水手，后以拉丁语和英语教师为业，1645—1646年在巴黎学习医学和解剖学，1648年经过数月的学习，获得了牛津大学的医学博士学位，并于1650年成为牛津大学的解剖学教授，但不久后配第就离开英格兰担任英国驻爱尔兰司令官的随从医生和爱尔兰总督的私人秘书。在英格兰战胜爱尔兰之后，配第被委以重任，负责对爱尔兰的土地进行勘察，配第在完成这一任务的过程中获得了大量的财富。威廉·配第于1658年被选为英国国会议员，后被册封为男爵。

配第的手稿只有很少的一部分是在生前以他本人的名义发表的，关于经济问题的主要著作都是在其去世以后发表的，这是因为英国在1688年发生光荣革命以后的政治环境比较有利于配第的观点。主要著作有《赋税论》（1662）、《政治算术》（1672—1676年写成，1690年出版）、《爱尔兰的政治解剖》（1672年完成，1691年出版）、《货币略论》（1682年写成，1695年出版）、《威廉·配第爵士经济学著作》（1899）、《配第文稿》（1927）、《配第—苏斯维尔通信集》（1928）。

在法国，从重商主义向古典经济学的过渡时期，最重要的经济学家是皮埃尔·布阿吉尔贝尔、理查德·坎蒂隆、魁奈和杜尔阁。

在18世纪末，法国人发现自己处于产量和国民收入长期衰退的困境之中，历史学家一般将其归因于耗费巨大的战争和路易十四的横征暴敛，但**布阿吉尔贝尔**(1646—1714)将其归因于重商主义政策，并在1665—1707年间写了五本著作，都是分析法国长期衰落原因的。在这些著作中他极力反对当时法国推行的柯尔培尔的重商主义政策，反对国家对金银货币的无限追求，强调是物品而不是货币(和斯密一样)才是国民财富的性质；反对国家干预经济，主张经济自由。布阿吉尔贝尔在批评重商主义政策的同时，极力强调农业部门对于国家经济增长和经济实力的重要性，强调农业的首要地位，认为真正的财富不是金银货币，真正的财富只能来自于农业生产，这些思想后来被“重农学派”所继承和发展。

理查德·坎蒂隆(也被译作“坎悌隆”)(1690—1734)，是一位有爱尔兰血统的巴黎银行家和伦敦商人，于1734年死于当时一场轰动巴黎的谋杀案，据称是被一个他解雇的仆人所谋杀的，经济学说史上因此而过早地失去了一位最富有洞察力的前古典思想家。

在他死后，他的手稿于1755年以《商业性质概论》的书名出版，这本书代表了《国富论》以前经济学思想的最高水平。在这本书中，对“自我利益”的认识和强调占有了与牛顿的“万有引力定律”在物理学中相同的位置。坎蒂隆坚定而清楚地认识到，对利润（自我利益）的追求是推动经济发展的最根本动力。

理查德·坎蒂隆是欧洲最早涉及下列经济学理论问题的经济学家之一：1.把人口的增长看成是经济增长的一个组成部分；2.对城市的位置和生产布局进行了经济原因上的解释；3.对市场价格和内在价值（即均衡价格）做了区分；4.证明了货币流通速度的变化等价于货币存量的变化；5.讨论了货币存量的变化影响价格水平的渠道；6.描述了在国际贸易中市场价格得以调整的机制；7.分析了主要经济部门间的收入流动问题；8.第一次提出企业家的概念，并深入研究了企业家的本质及企业家收入的性质和所具有的不确定性的特点。

坎蒂隆的这本著作在经过一段时间的广泛流传后又被学术界渐渐遗忘，直到19世纪末由英国的经济学家杰文斯重新发现，他在经济学说史上的历史地位才又重新得到学术界的重视和公正的评价，杰文斯称坎蒂隆的《商业性质概论》是“政治经济学的摇篮”。杰文斯说，《商业性质概论》比我们知道的任何一本书都更有资格被称为关于经济学的第一篇论文，同任何一部单独的著作相比，坎蒂隆的著作都更有理由被看作是政治经济学的摇篮。

在18世纪中叶，法国兴起了一个自称“经济学家”的学术团体，这个学术团体成了经济学说史上第一个真正的“学派”，在“经济学家”一词取得了更为一般的含义之后，他们又被西方史学家们重新命名为“重农主义者”或“**重农学派**”。

重农学派的创始人和领袖人物是**弗朗斯瓦·魁奈**，重农学派的形成以1756年魁奈在《百科全书》上发表他的第一篇经济学论文为标志，而以1776年重农学派的另外一位代表人物**杜尔阁**失去其在政府的高官地位以及亚当·斯密《国富论》的出版而结束。这个学派在西部欧洲活跃的时间非常短暂，不超过25年，但在经济学说史上却有着非常重要的地位，对政治经济学的发展产生了非常重要的影响，当然，产生这种影响的部分原因在于巴黎是当时整个欧洲乃至世界的学术文化中心。

重农学派是主要由法国的经济学者组成的学派。重农学派是在反对重商主义的过程中产生的。重农学派反对各种形式的政府管制，支持国际贸易和国内工商业的自由化。例如，重农学派反对政府对生产做出过细的管制，认为过细的管制阻止了生产方式的实验与创新，也无法满足消费者消费偏好的变化，况且，腐败无力的政府也无法保证这些规则能够得到普遍和公正的实施。

该“学派”倡导顺应自然秩序，提出了著名的“自由放任”口号。在政策上，重农学派主张实现经济自由，最先明确提出“自由放任”的原则，这一原则后来构成了整个古典经济学经济政策主张的核心。

重农学派接受了农业是唯一创造财富的部门的错误观点，认为工业部门只是加工农业生产的原料，仅会改变财富的形式，商业部门只进行流通，它们都不能增加物质财富的数量。这个错误导致了另一个错误，既然只有土地才产生剩余，所以，只应该对土地的所有者征税，而富有的工商业资本家因为没有增加财富所以就不用纳税了。

由于重农学派讨论问题的出发点是在法国这个以农业为主的国家，而不是在英国这个以工业、商业和航海业为主的国家，所以，重农学派把农业作为社会经济的基础，认为重商主义政策破坏了法国的农业和经济，因此表现出了强烈的反重商主义倾向。

在魁奈那个时代，85％的法国人以农业为生，法国政府对农产品市场的管制十分严厉，禁止农产品的出口，这就造成法国的农产品价格在丰年时剧烈下跌，农民被迫接受非常低的销售价格，反而陷入贫困而无法改进他们的农业生产技术。魁奈为了向地主和国王说明他的粮食自由贸易思想，制作了"经济表"这个最早的经济模型。魁奈认为没有国家干预的经济是一种"自然"的经济状态，是上帝希望的秩序。很快，在魁奈周围就聚集了一批他的学生和有同样想法的人，这些人将他们主张的理论称为"重农主义"，"自由放任、不要干预"成为了他们的口号。

重农学派对经济学发展所做出的重要贡献包括，将社会作为一个整体来考察商品的生产、流通与分配规律，为经济学最终发展成为一门独立的社会科学奠定了宝贵的基础。魁奈在其著名的《经济表》(1758)中，以数字的形式来说明社会总产品的再生产、流通和分配过程。《经济表》还是现代经济学两个重要概念的先驱：经济环流图和国民收入账户。重农学派还最早分析了税赋的转移和归宿问题，这个内容现在已经成为现代微观经济学教材中的重要内容。

重农学派在1776年亚当·斯密的《国富论》出版之前的20年中，在欧洲经济思想领域占有支配性的领导地位。

［**弗朗斯瓦·魁奈(1694—1774)**］法国重农学派创始人。魁奈出生于凡尔赛附近的梅里小镇，是这个家庭13个孩子中的第八个。魁奈从16岁开始当一个外科医生的学徒，并从1749年开始担任法王路易十五的宫廷御医，在1752年被册封为贵族。

约从1753年起魁奈开始研究经济问题，并以他为中心逐渐形成了一个经济学派，即“重农学派”，《经济表》(1758)是他最重要的学术贡献。

在《经济表》中，魁奈描述了在一个理想的自由竞争经济体中，商品和货币是如何循环流动的，《经济表》成为了现代宏观经济学的渊源和基础，亚当·斯密、马克思、凯恩斯均对魁奈的这一贡献表达过敬意。但由于《经济表》不易理解，流传不广，1760年魁奈为说明它还专门写了题为《经济表分析》的论文。

[**杜尔阁(1727—1781)**]法国重农学派的代表人物之一，出身于贵族家庭。杜尔阁在路易十六(1754—1793)时期曾先后出任海军大臣、财政大臣。在其任财政大臣期间因推行重农主义的经济改革措施而遭到贵族的强烈反对，后脱离政治活动，专心于学术研究。杜尔阁在学术上的代表作是《关于财富的形成和分配的考察》(1766)。

第2章　古典经济学

（1776—边际革命）

【英】亚当·斯密

（1723—1790）

- 亚当·斯密和《国富论》
- 亚当·斯密学术上的直接继承者
- 法国和德国学者对古典经济学的早期贡献

“自由放任”是“世界能够自我运转”或“不要管我们就行了”的意思。斯密的自由主义经济思想经常遭到人们的误解，认为斯密主张的是无政府主义。其实，斯密的目标不是无政府主义，而是破除限制经济自由的、不合理的政府管制和特权，而不是拒绝政府对经济活动和市场所实施的监管。

斯密为什么会愿意将自己充满智慧的大脑浪费于实施贸易管制的官僚机关，而不是去从事更有价值的工作呢？也许是因为斯密认为他应该用他的思想来影响历史，而不是以个人微不足道的行动去改变历史。

比较优势理论在理论上宣判了贸易保护主义的死刑，尽管自由贸易的时代一直到上世纪的80年代才真正降临。

从李嘉图开始，经济学在相当长的一段时间里把关注的重点错误地放在了财富在不同的阶级或群体之间的分配上，而不是如何促进经济的增长上。在李嘉图的“阶级冲突模型”中，工人、地主、资本家因为财富的分配问题而处于一种敌对的关系，而在斯密的自由市场经济“利益和谐”模型中，主要关注的则是如何促进经济的增长，以及为什么在自由的市场经济中“共同工作”的各方的经济利益在理想状态下能够处于一种自然的、共同增长的和谐状态，并且这样的一种理想状态是可以基本实现的，而不是只能存在于学者们不切实际的幻想之中。

第一节　亚当·斯密和《国富论》

古典经济学时期是一个经济学理论的高产年代。

现代经济学家把那种认为价格和工资是富有弹性的，市场经济能够依靠自身的内在力量自动地迅速实现充分就业均衡，普遍而持久的生产过剩和失业是不可能出现的理论称为古典经济学理论。

把古典经济学体系的时代界限加以划分并不是一件容易的事，我们一般将《国民财富的性质和原因的研究》(*An Inquiry into the Nature and Causes of Wealth of Nations*)(《国富论》)(1776)的出版作为一个经济学发展新时代开始的标志。至于古典经济学结束期的确定则更为困难，有些经济学家甚至宣称古典经济学时代从未结束过，其学术传统通过现代经济学领袖的著作一直延续到今天。

亚当·斯密是古典经济学体系的建立者和最著名的代表人物。亚当·斯密于1776年出版了他最重要的著作《国富论》，成功地建立起了经济学的第一个理论体系。在这部著作中他提出了著名的“看不见的手”的原理，认为在市场经济中每个人都仿佛受一只“看不见的手”的指导，去尽力达到一个并非他本意要达到的目标，人们追求的是个人利益，却最终同时促进了全社会的利益。我们不用依靠屠夫、面包师的“善行”，他们对他们自身利益的关心就足以使我们吃到面包和香肠了。

在政策上，亚当·斯密主张对内实行自由竞争、自由企业制度，对外实行自由贸易，听任每一个人在正义的法律下自由地追求自己的利益。斯密认为，禁止人民制造他们所能制造的全部物品，禁止他们按照自己的判断把自己的资财和劳动投入到自己认为最有利的用途上，这显然侵犯了最神圣的人权。

虽然斯密本人并没有使用过“自由放任”这个短语，但后人常常用这个短语来概括斯密的核心经济思想。“自由放任”是“世界能够自我运转”或“不要管我们就行了”的意思。斯密的自由主义经济思想经常遭到人们的误解，认为斯密主张的是无政府主义，其实，斯密的目标不是无政府主义，而是破除限制经济自由的、不合理的政府管制和特权，而不是拒绝政府对经济活动和市场的监管。

在亚当·斯密写作《国富论》的时候，欧洲的工业革命还没有踪影，英国的工厂还很少，但斯密已经清晰地描述了分工与效率之间的关系。分工使我们能够发挥自己的比较优势，做自己最擅长的事情，也能够使我们更快地积累起经验，生产效率从而能够得到提高。这样，通过交换，我们就能够消费更多的产品和服务。分工的程度要受到市场规模的限制，这样，为了扩大市场，就应该取消一切形式的政府贸易限制措施，不论是国内的还是国际贸易方面的。

关于商品的价值问题，斯密区分了使用价值和交换价值，水的使用价值很大，但交换价值很小，钻石的使用价值很小，但交换价值很大。对于劳动价值理论，斯密认为，在劳动是唯一生产要素的原始社会中，一种商品的交换价值主要是由生产该商品所需的劳动数量决定的，换言之，劳动是交换价值的源泉与衡量尺度。但当资本和自然资源的投入变得很重要时，劳动价值论就失灵了。商品的交换价值不仅要包括劳动的成本，还要包括利润和地租，商品的交换价值不再能够简单地以其包含的劳动数量来衡量了，一件商品能够购买到的劳动数量要超过体现在它的生产中的劳动数量。这时，生产成本——工资、利润和地租是决定交换价值的唯一因素。

斯密还将付给工人的工资和工人的生产效率联系起来，斯密指出，金匠和宝石匠之所以能够得到高工资是因为“有贵重物品托付给他们”，高工资有助于减轻他们携带这些黄金和宝石逃走的激励。斯密这一思想的现代表述就是“效率工资”理论，通过支付工人高于市场出清水平的工资以减少雇员的偷懒、疏忽和离职。

亚当·斯密的经济学体系成了西方现代经济学后来发展的重要基础和出发点,《国富论》的出版成为了经济学作为一门独立的学科和科学的理论体系形成的标志。

亚当·斯密(Adam Smith,1723—1790)出生于苏格兰爱丁堡附近的一个小渔村,他的父亲是一名苏格兰海关的官吏。亚当·斯密的父亲在他出生前的几个月就去世了,斯密终生和母亲相依为伴,没有结婚。斯密的母亲在90岁时去世,比斯密早去世六年。

据同时代的学者描述,亚当·斯密似乎是经济学说史上最丑陋的经济学家了,一位法国女作家甚至说他丑得像魔鬼一样。不过,亚当·斯密的独身似乎与他相貌上的丑陋并没有什么关系。2007年3月英格兰银行发行了新版的20英镑钞票,亚当·斯密成为了世界上第二位被印在钞票上的经济学家,当然亚当·斯密是世界上第一位以经济学家身份印在钞票上的经济学家,也是第一位印刷在英格兰银行发行的钞票上的苏格兰人。这张新版的钞票上还印有阐述亚当·斯密"分工理论"的别针厂的图案。

亚当·斯密在14岁时来到格拉斯哥进入格拉斯哥大学学习,这样的年龄在当时那个年代并不特别罕见,因为当时的大学实际上只是一种高中而已。亚当·斯密17岁时获得了一笔每年40英镑、为期11年的奖学金，并因此而进入牛津大学继续学习，为他以后的牧师生涯做准备，但斯密很快发现他并不喜欢这所英国大学。在那时，英格兰的大学制度和苏格兰的大学制度很不相同，在苏格兰的大学中，学生按照课程支付老师的学费，因此教师的收入完全取决于学生对其教学的评估，而在英国的大学里，学校依靠政府的财政拨款和私人捐款筹集资金，教授接受固定工资，因此缺乏动力在工作中投入更多的热情，记忆和背诵占据了学生的大部分时间。

亚当·斯密于1746年离开了牛津大学重新回到了苏格兰。从1748年起，亚当·斯密开始在爱丁堡大学讲授修辞学和英国文学，从收入上看他获得了一定的成功。由于这个成功，从1751年起亚当·斯密开始执教于格拉斯哥大学，讲授逻辑学和道德哲学(包括神学、伦理学、法学和政治学)。亚当·斯密在这一时期关于道德哲学的讲义，于1759年以《道德情操论》为名出版。在斯密生前，他的学术声誉主要来源于《道德情操论》一书，这本著作在当时一举奠定了斯密作为一名有影响的苏格兰思想家的地位。这本书在斯密的生前共出版了六版，最后一版是在斯密去世的前一年。因此，这本书与斯密的《国富论》同样重要，而不能简单地认为这本著作仅仅反映了斯密早期的思想，而《国富论》反映了其后期的思想。斯密在大学里所讲授的政治学，包括了经济政策和政治经济学的许多问题，但他在这时尚未将经济学作为他精心研究的对象。

1764年，英国财政部长查尔斯·唐森以丰厚的学费和终身养老金聘请斯密做他继子亨利·布克莱希公爵的私人教师，在优厚待遇的激励下，亚当·斯密辞去了其在大学的教授职务接受了这份工作，并随年轻的布克莱希公爵游历欧洲。在旅行结束后他能够终生领取每年300镑的年金，这个水平是当时英国平均收入的十倍。

依靠高年薪所提供的保障，亚当·斯密在1767年回到了自己的家乡，开始专门从事政治经济学的研究和著述，并在1776年3月9日由出版商斯特拉汉出版了这部经济学说史上最重要的著作——《国民财富的性质和原因的研究》，该书立刻受到了公众的欢迎（当时这本书的定价是36先令，到了1989年，这部上下册的图书在拍卖会上已经能够拍到4.5万美元了）。同年，大西洋彼岸的美国也诞生了一部伟大的文献——《独立宣言》。

在《国富论》中，亚当·斯密一再抨击重商主义制度和它所产生的复杂的国家管制制度，但在该书出版的两年之后，斯密却接受了苏格兰海关和盐税委员会委员的职位，直至去世。亚当·斯密因此也和母亲一起搬到了爱丁堡居住。在那个年代，这些委员拥有极大的权力，甚至可以拥有自己的小型海军，他们扮演的角色是进口警察，他们主要是作为英国重商主义的税收机关和打击走私活动的贸易管制机构而起作用的。亚当·斯密是如何度过作为“经济管制者”的时光的呢？他没有成为一个改革者而是作为一名尽责尽职的经济管制官员，为他所反对的管制制度勤勉地工作了12年（年薪600镑）。斯密在上任伊始就发现自己穿的大部分衣服是通过非法走私进入英国的，这些衣服在英国是禁止使用的，所以，斯密就以身作则把这些衣服全部烧掉了。斯密为什么会愿意将自己充满智慧的大脑浪费于实施贸易管制的官僚机关而不是去从事更有价值的工作呢？也许是600镑年薪的诱惑，也许是政府官员的社会地位所产生的诱惑，也许是因为斯密认为他应该用他的思想来影响历史，而不是以个人微不足道的行动去改变历史。

和那个时代的许多学者一样，亚当·斯密是一个在学术上非常严谨的学者，在他去世前的几周烧掉了几乎所有未出版和发表的书稿、笔记与信件。他认为只有《道德情操论》和《国富论》这两本著作能够留给后世阅读，他写的其他文字都是不满意的。幸运的是，人们在斯密死后发现了一本斯密在大学授课时学生所做的课堂笔记，我们现在所看到的《亚当·斯密关于法律、警察、岁入及军备的演讲》就是根据这位大学生在1762—1763年间的听课笔记由坎南在1896年整理出版的。这些笔记表明，早在接触法国的重农学派以前，亚当·斯密就已形成了那些后来在《国富论》中表达出来的主要观点。而之前的许多经济思想史学家们认为，由于亚当·斯密在法国旅行时与重农学派的学者们有过密切的交往，他关于“看不见的手”的思想是受到了重农学派“自然秩序论”的影响。

亚当·斯密还是一位爱书成癖的藏书家，斯密曾经说过“我只是我书籍的情人”，据各种资料所载，斯密的藏书约为 2 800 卷。在 1790 年斯密去世以后，这些藏书由他的表弟道格拉斯继承，之后分别流散到爱丁堡大学、卡柯尔迪博物馆、爱尔兰女皇学院、东京大学及私人手中。

亚当·斯密语录

“我们每天所需的食物和饮料，不是出自屠户、酿酒师或面包师的恩惠，而是出于他们自利的打算。”

“每一个人，只要他不违反正义的法律，都应听其完全自由，让他采用自己的方法，追求自己的利益，以其劳动及资本与任何其他人或其他阶级相竞争。”

“专门学校及大学的校规，大体上不是为了学生的利益，而是为了教师的利益，更恰当地说是为教师的安逸而设计出来的。在一切场合，校规的目的，总在维持教师的权威。不论教师是疏忽其职务，或是履行其职务，学生总得对教师保持虔敬的态度，好像教师在履行职务上已尽了最大的勤勉和能力那样。”

“同行同业的人士是很少会集合在一起的，甚至就是为了娱乐，他们也很少会这样做，但是，只要他们在一起聚谈，则最后产生的必是一种对大众不利的阴谋，或是一种哄抬物价的勾当。”

第二节　亚当·斯密学术上的直接继承者

英国的经济学家罗伯特·马尔萨斯、法国的经济学家让·萨伊和英国的大卫·李嘉图不仅是当时欧洲最著名的经济学家，也是亚当·斯密在学术上最主要的继承者，同时也是这一时期在经济学说史上最重要的经济学家。

萨伊和他的《政治经济学概论》(1803)

法国的经济学家萨伊(1767—1832)以“萨伊定律”而留名于历史。萨伊认为，货币经济和物物交换的经济之间不存在本质的区别，市场上的交换在实质上是产品与产品之间的交换，每一种产品的供给都会相应地创造出对另一种产品的需求。不过，当供给结构与需求结构不一致时，就会发生供给过剩和经济危机。但凯恩斯错误地把“萨伊定律”概括为“供给总是能够自动创造出对自己的需求，市场上的供求总是平衡的，市场不会发生普遍的生产过剩”，这就是所谓的“萨伊定律”。萨伊认为李嘉图将劳动看作是不变的价值尺度的理论是“纯粹的妄想”，萨伊认为商品的价值是由消费者对其做出的主观评价决定的。

萨伊最重要的著作是《政治经济学或生产、分配和消费概论》(1803)，该书以通俗的形式解释了亚当·斯密的经济学说，是有限政府、自由竞争的自由市场经济的毫不妥协的捍卫者。在19世纪前半期，萨伊的这部著作是欧洲和美国最重要、最流行的经济学教科书，萨伊也因此以“法国的亚当·斯密”而为人所知。

萨伊经常与马尔萨斯和李嘉图通信，并视他们为亲密的朋友，但经济学在李嘉图和马尔萨斯的带领下走上了一条怀疑自由市场作为一种创造财富的完美机制的“悲观阴郁”的道路，经济学不仅在英国和法国的发展自马尔萨斯与李嘉图之后陷入了停滞，在德国，经济学家们甚至拒绝承认经济理论的存在，拒绝进行任何理论分析，直到“边际革命”以后经济学才又重新恢复了对自由市场的信心，直到“大萧条”的爆发。经济学在被凯恩斯的思想统治了近半个世纪以后，对自由市场的信心最终才又重新在米尔顿·弗里德曼的带领下得到似乎是永久性的恢复。

罗伯特·马尔萨斯和他的《人口理论》(1798)

马尔萨斯(1766—1838)出生于英国的一个中产阶级家庭，

在家中八个孩子当中排行第八。马尔萨斯患有唇裂，这使他十分痛苦和尴尬，马尔萨斯一生只在去世前的一年画过一次画像。

马尔萨斯毕业于英国的剑桥大学，凯恩斯因此将他称为“第一个剑桥经济学家”。在当好牧师之余，马尔萨斯勤奋研究经济学，著作颇丰，涉及了当时社会关注的许多问题。为了和比他小十岁的哈里雅特小姐结婚，马尔萨斯于 1804 年被迫放弃了英国圣公会的牧师职位。1805 年，马尔萨斯在东印度公司创办的一所学院担任历史学和政治经济学教授，这个职位使他成为了世界历史上第一位经济学教授和职业经济学家。

马尔萨斯在与他的父亲进行过一次激烈的辩论后，写了一篇论文来详细表达自己的观点，这篇论文就是我们今天所熟知的《人口理论》。按照当时的传统，马尔萨斯的这本著作其实有一个很长的名字——《论人口原理，因为它影响社会的未来改良，兼评葛德文、孔多塞先生和其他学者的思想》。

这样一位令人尊敬的学者的最大不幸在于他的学术观点被不同时代不同阶级的人共同指责，经济学这门学问也由于他而被卡莱尔称为一门“忧郁的科学”，这种说法一直流传至今。好在现代经济学现在更多地是与“经济学帝国主义”联系在了一起。其实，马尔萨斯的人口论绝没有人们想象的那么“反动”和“恶毒”；相反，他是从对人类未来关心的角度来考虑人口问题的。

马尔萨斯在他的《人口原理》(1798)中写到:人口是以几何级数增长的,而生活资料是以算术级数增长的,所以,任何生活资料的增加都只会导致人口的快速增长,从而使人们的生活水平停留于生存水平之上,人类就其总体来说必定要永远生活在苦难、饥荒和罪恶的日子里。人类的动物本能会使人口不断增长直至遇到生活资料的边界和战争、瘟疫、饥荒的阻碍。马尔萨斯反对英格兰的《济贫法》,认为社会福利体系会不可避免地使人口增长,而不能同时使食物的生产增长,因此,反而会给人民带来更多的痛苦。马尔萨斯反对任何形式的生育控制,如晚婚和节育,这主要是因为他的宗教信仰的原因。在《创世记》第一章中,上帝告诉亚当和夏娃"在地球上繁衍生息",如果采取了节育措施就违背了造物主的命令。不过,实行人口控制政策的发展中国家经常援引马尔萨斯的理论来为自己的人口控制政策进行辩护。

在19世纪,马尔萨斯的人口过剩理论被许多学者和经济学家所接受,如李嘉图、约翰·穆勒、杰文斯等,当时的许多社会批评家也支持马尔萨斯的人口学说,把饥饿、短缺、战争、贫困归咎于人口过多。但马尔萨斯的人口理论在那个时代也遭到了许多学者的批判,如恩格斯就称马尔萨斯的理论是"可以想象出来的最粗鄙、最野蛮的理论”。神学家批评马尔萨斯的理论是反宗教的，因为该理论质疑了上帝的仁慈，万能和仁慈的上帝难道会创造一个不能支持其创造物的世界吗？社会改革家则指责马尔萨斯对穷人缺乏慈悲。还有人认为人口与作为我们食物的动物和植物在增长规律上没有什么不同之处，甚至小麦、玉米、鱼、牛的繁殖能力比人类更强。不过在1900年以后，经济与生活水平的快速发展使马尔萨斯的人口理论在欧洲和经济快速发展的后发展国家不再有什么吸引力了，大多数主流经济学家都放弃了这种悲观的理论。

今天看来，马尔萨斯人口理论的错误在于把动物的繁殖规律简单地用到了人类自身，并且低估了人类社会经济发展的潜力。技术的快速进步使生活资料的产出能力大幅提高，新的矿藏在不断地发现，人类可以利用的自然资源在不断地增加，人类对资源的利用效率在不断地提高，市场的力量在促使人们做到这些的方面发挥了巨大的推动作用。当资源被当作“公共资源”使用时就必然存在被过度使用的趋势，这就是所谓的“公地的悲剧”，私有产权的缺乏、自然资源“完全价格”的缺乏、缺乏有效的政府监管和政府低下的效率都会造成公共资源的过度使用。没有能够认识到市场的力量和私有产权在决定稀缺资源消耗速度方面的巨大作用这一点对于一个经济学家来说必然是个致命的疏忽。

人类社会人口的增长经历了三个阶段。第一阶段是前工业社会的高出生、高死亡，第二阶段是工业社会以后的高出生、低死亡，第三阶段是后工业社会的低出生、低死亡，这时低出生的原因更多是社会、经济、技术和制度的。马尔萨斯正是生活在人口增长的第二个阶段，那时人口的快速增长不是“马尔萨斯式”的，而是因为医疗卫生条件和生活水平的改善使婴儿的死亡率快速下降了，使更多的人活到了成年，也使成年人的寿命更长而已，人们并没有生育比过去更多的孩子。

在过去的60年中，发达国家和发展中国家的人口出生率与自然增长率均有显著的下降，这也是马尔萨斯没有意识到的，出生率的下降是因为医疗卫生保健方面的进步和营养状况的改善使人们不需要生产较多的孩子以代替可能死去的孩子。此外，在过去子女常常被视为是一种能够提供未来收入的金融资产，子女越多，父母得到照顾的机会就越大，但在现代社会，完善的社会保障体系的建立使家庭中的子女逐渐失去了养老功能，父母自身收入水平的提高也使他们对子女的需求下降了。同时，收入水平和妇女就业率的提高也使子女变得非常昂贵了，人力资本方面越来越大的投资和抚育子女的机会成本的不断增加迫使父母用子女的质量来替代数量。节育技术的进步和教育水平的提高也使人们能够对生育控制方法有更好的应用。

在20世纪80年代和90年代早期，非洲的埃塞俄比亚、苏丹和索马里等国家爆发了严重的饥荒，发生在非洲部分国家的饥荒是由人口的快速增长造成的吗？不同的国家发生饥荒的原因都不完全相同，各个国家发生饥荒的原因也比较复杂，有的国家发生的饥荒的确与人口的快速增长有关。

人口的快速增长使食物供给的增加赶不上人口的增长，在这种情况下饥荒就会爆发。人口的增长也导致了一些非洲国家的生态环境持续恶化，森林被砍伐以扩大农作物的种植面积，失去抵御沙漠侵袭保护的土地很快就沙漠化了，森林的消失还使农民失去了燃料的来源，灌木也紧接着减少了，动物的粪便被用来作燃料而不是肥料，这些因素都降低了农产品的产量。降雨量的急剧减少也是造成非洲饥荒的元凶之一。粮食储备设施的不足使许多非洲国家在多雨年份中收获的多余粮食经常腐烂或被老鼠吃掉。人为因素似乎应该为非洲的饥荒负最大的责任，长时期的部族冲突和内战破坏了电厂、水利设施等基础设施，并将本已非常有限的资源用于军事部门，大量的人口沦为难民，原本就比较贫瘠的土地变得更加荒芜了，国际救援行动因为政治的因素而无法展开，政府通常拒绝向反政府武装控制的地区提供国际粮食援助，政府的军队还常常秘密地挪用甚至倒卖所接受的粮食和医疗物资捐赠。

当然，就问题的本质而言，人口的快速增长之所以成为一个问题，主要还是因为社会不能够为这些人口提供工作的机会，而不是他们国家的资源无法承载这些人口。中国香港地区和日本就是与非洲相反的例子，巨大的人口密度和贫瘠的资源并没有阻碍他们成为世界上最富裕的经济体。

李嘉图与“比较优势理论”

主流经济学家认为，英国经济学家大卫·李嘉图在经济学说史上是一个充满矛盾的人物，在好的方面和坏的方面均对经济学的发展与我们的现实世界产生了重要的影响。

一方面，大卫·李嘉图(1772—1823)是那个时代最有才华的经济学家，他在抽象推理方面极有天赋，他对国际贸易活动中存在的“比较优势规律”所做出的初步描述，在今天仍然是经济学教科书中一个重点讲授的内容，“比较优势理论”在今天看来依然是经济学理论发展史上一个最值得自豪的发现。

比较优势理论认为，即使一国生产的任何一种产品的成本都低于另一国，两国间仍存在着进行贸易的可能性，只要两国的劳动生产率差距不是在任何一种商品上都保持着相同的比例，那么，不同国家如果只生产那些生产效率相对较高的商品，然后再进行交换，交换那些生产效率相对较低的商品，则两国的总产出就会比不存在国际贸易时大。比较优势理论在理论上宣判了贸易保护主义的死刑，尽管自由贸易的时代一直到上世纪的80年代才真正降临。以美国为例，在建国初期，美国政府的收入几乎全部来自关税，而现在则不足政府预算的2%。

但在另一方面，许多主流经济学家也同时认为李嘉图将经济学的发展引入了一个歧途。凯恩斯曾经这样评价李嘉图：李嘉图对经济学界长达100年的统治对经济学的发展而言简直就是一场灾难。类似这样的评价主要是来源这样的一个事实，从李嘉图开始，经济学在相当长的一段时间里把关注的重点错误地放在了财富在不同的阶级或群体之间的分配上，而不是如何促进经济的增长上。在李嘉图的“阶级冲突模型”中，工人、地主、资本家因为财富的分配问题而处于一种敌对的关系，而在斯密的自由市场经济“利益和谐”模型中，主要关注的则是如何促进经济的增长，以及为什么在自由的市场经济中“共同工作”的各方的经济利益在理想状态下能够处于一种自然的、共同增长的和谐状态，并且这样的一种理想状态是可以基本实现的，而不是只能存在于学者们不切实际的幻想之中。

同样，许多主流经济学家认为李嘉图寻找一种不变的价值标准并且认为这种价值标准就是劳动的做法是可悲而又难以理解的一种尝试，李嘉图的劳动价值论成为了马克思主义经济学的一个重要的直接思想来源。不同于亚当·斯密理论紧密联系现实的研究方法，李嘉图非常热衷于进行抽象的数学模型的推导，几乎没有做过经验研究，这被经济史学家们称为经济学研究方法上的“李嘉图恶习”。

李嘉图的代表作是《政治经济学及赋税原理》(1817)。

[大卫·李嘉图(David Ricardo, 1772—1823)] 出生于一个英国葡萄牙裔犹太人的大家庭中，这个家庭至少有17个孩子，李嘉图排行第三。李嘉图的父亲为伦敦一家证券交易所的经纪人，根据家族的传统，李嘉图从14岁开始就进入了父亲的交易所从事证券交易活动。在1793年，因为李嘉图和一名非犹太教(教友派)的女子结婚而被家族驱逐，并被剥夺了他的继承权，李嘉图不得不使用自己仅有的800英镑开始独立从事证券交易业务，但经过几次成功的投机后，他在25岁时就成为一名“百万”富翁了。在李嘉图去世时，他的财产已经价值77万英镑了，相当于今天的2亿英镑。这笔财富使他成为了经济学说史上最富有的经济学家。

李嘉图在1799年的一次周末乡下旅行时无意中阅读了亚当·斯密的《国富论》，从此之后就对经济学产生了浓厚的兴趣，并最终成为了经济学说史上最伟大的经济学家。1814年以后，富有的李嘉图逐渐失去了对证券交易的兴趣，并最终完全退出了证券交易所而开始致力于经济学的学术研究，并在1817年出版了他的代表作《政治经济学及赋税原理》。李嘉图在1819年被选为英国下议院的议员，但他没有足够的时间拓展他的政治生涯，1823年李嘉图在51岁时因为耳部感染而去世。李嘉图还将他的一部分遗产分给了当时欧洲非常著名的经济学家老穆勒，即欧洲更著名的经济学家约翰·斯图亚特·穆勒的父亲。

［皮埃罗·斯拉法（Piero Sraffa，1898—1983）］事实上，李嘉图在20世纪还拥有像斯拉法（1898—1983）这样的“新李嘉图主义者”。英籍意大利人斯拉法出生于意大利的都灵，1927年移居英国，开始担任剑桥大学的讲师。

斯拉法的著述极少，却花费了二十多年的时间收集和整理李嘉图的著作和通信，并在1951—1973年间由剑桥大学出版社陆续出版了十卷本的《李嘉图著作和通信集》。斯拉法在1960年出版的《用商品生产商品》一书奠定了斯拉法在新李嘉图学派中的领导地位，这本篇幅很小的著作完整地继承了李嘉图的学术风格，抽象晦涩，完全抛弃了经验研究。

约翰·斯图亚特·穆勒和他的《政治经济学原理》(1848)

约翰·斯图亚特·穆勒（1806—1873）的父亲是詹姆斯·穆

勒(1773—1836),老穆勒的代表作是《政治经济学要义》(1821)。约翰·穆勒是詹姆斯·穆勒的长子,其代表作是《论自由》和《政治经济学原理》。约翰·穆勒在他生活的那个时代被看作是欧洲最重要的思想家,而不是最重要的经济学家。

约翰·斯图亚特·穆勒对当时形形色色的经济学说进行了经济学说史上的第一次大综合,将亚当·斯密以后经济学发展所取得的理论成就进行了经济学说史上首次的折中和系统化,使微观经济学的理论体系趋于完整和丰富。穆勒的这个经济学体系集中体现在他的《政治经济学原理》(1848)一书里,马克思和恩格斯也是在这一年写出了《共产党宣言》。这本经济学教科书前后一共修订了 32 次,在很长时间内充当着欧洲,当然也就是世界最具权威性的大学经济学教科书的角色,在 1890 年以前这本著作简直就是经济学界的《圣经》,直至被马歇尔的《经济学原理》(1890)所取代。

约翰·斯图亚特·穆勒和李嘉图一样,关注的重点依然在收入的分配方面而不是经济的增长方面。和那个时代的许多欧洲知识分子一样,约翰·斯图亚特·穆勒对形形色色的“社会主义”学说充满了向往和期待。约翰·穆勒曾经充满激情地写道:共产主义有着极大的优越性,而现今的社会则充满了苦难和不公正,如果要在二者之间进行选择的话,那么无论通往共产主义的道路上有多少困难，在权衡二者的天平上都微不足道。小穆勒和李嘉图一样，认为可以把分配和生产割裂开来，生产活动受客观规律的支配，不以人的意志为转移，而财富的分配则是一件只与人类制度有关的事情，财富的分配取决于一个社会的法律和习惯。为了实现平等和正义，政府应该运用高税率甚至没收的办法来进行收入和财富的再分配，即使这样激进的再分配措施也不会影响财富的生产。

约翰·斯图亚特·穆勒描述了三种类型的社会主义：乌托邦式的社会主义、暴力革命的社会主义和法西斯式的社会主义。乌托邦式的社会主义是以合作社为基础的；革命的社会主义则主张以暴力革命为手段废除私有制，以国有企业为基础；法西斯式的社会主义则是以政府对私人部门实行强有力的官僚式管制、政府对财富的分配进行强有力的干预为主要特征。

穆勒虽然对法西斯式的社会主义和革命的社会主义持批评态度，但对乌托邦式的社会主义则非常的认同，因为他认为乌托邦式的社会主义可以在不妨碍个人自由、不使用暴力的情况下实现平等，消灭竞争。约翰·穆勒没有认识到在一个资源稀缺、欲望无限的现实世界中，竞争是不可避免的，竞争也是进步的源泉。失去了利润的激励，所有的人都会变得懒惰。

第三节　法国和德国学者对古典经济学的早期贡献

对亚当·斯密经济学说的两位法国批评者

西斯蒙弟(1773—1842),法国古典经济学家,经济浪漫主义的奠基人。西斯蒙弟早期是亚当·斯密经济学说的忠实追随者,后来因目睹了早期资本主义经济危机所造成的破坏而开始寻找人民苦难的根源,幻想通过独立生产者、小农经济和小手工业的复兴来抑制这种苦难。

蒲鲁东(1809—1865)一生经历丰富,著作丰富,被认为是社会学的创始人、无政府主义之父、合作主义和共存主义的先驱者之一、工团主义思想的创始人,"法国社会主义大无畏的思想家"(马克思语)。蒲鲁东在1846年出版了《经济矛盾,或贫困的哲学》这本著作之后,马克思专门对此写下了《哲学的贫困》一书作为答复,蒲鲁东的这本书断送了他和马克思之间的友谊。

无政府主义者并不提倡社会无秩序,只是无政府主义者希望通过自愿组成的自治团体与合作组织来形成社会秩序。无政府主义者认为一切形式的政府都是压迫性的,都应当取消,生产者之间的合作能够协调生产和贸易活动,消费者之间的合作能够协调分配问题，相互理解、团结协作与完全自由是无政府主义的主要特征。

这一时期法国一些重要而不著名的经济学家

安东尼·奥古斯汀·古诺（1801—1877）（Antoine-Augustin Cournot），巴黎高等师范学校数学专业毕业，是最早运用数学方法来分析经济问题的经济学家之一，代表作是他研究微观经济学的创新之作《关于财富理论的数学原理的研究》（1838）。古诺最伟大的成就之一就是发现了需求规律，并将其表示为需求函数，古诺是经济学说史上最早画出需求曲线的经济学家。现代经济学家已不再愿意仅用纯粹的文字形式来表达复杂的思想了，正是古诺开创了运用数学和图形进行经济学研究的研究方法，古诺的“双寡头模型”至今仍然是现代经济学教科书中的重要内容。令人惋惜的是，当时除了莱昂·瓦尔拉以外，几乎无人知道他的经济理论著作，当时的学者们还难以认识到数学对于经济学发展的重要性，自然也就无法认识到古诺撰写的著作的学术价值了。当时的学者们甚至不把古诺的著作看作是经济学著作，也许古诺自己也没有认识到这一点，因为在他看来运用数学工具表述自己的“业余爱好”——经济学研究，并不是什么值得学术界特别关注的事情。

朱尔·杜普伊特(1804—1866),是一位著名的法国工程师,他把经济学研究和古诺一样视为自己的一个业余爱好。杜普伊特提出了一系列独到的见解,他在边际效用、需求、消费者剩余、歧视性垄断和边际成本定价等领域均取得了非常了不起的发现。

由于他们的专业论文被经济学家们视为非经济学文献,故而他们的学术贡献总是得不到学术界的承认和应有的评价。他们的学术成就在拖延了如此漫长的岁月以后才被承认这一事实向我们表明,学者们必须保持足够的警惕以防止知识上的傲慢与褊狭,否则我们将要受到以相当高的代价去"重新发现"早已发现的真理的惩罚。

德国学者对经济学发展的早期贡献

在文献意义上,19 世纪的德国经济学家或以德语表述自己思想的经济学家做出的顶尖经济学分析并不多,但他们的研究成果却相当地具有创造性,如杜能、戈森和曼戈尔特所取得的杰出成就。不幸的是,他们的研究成果在德国受到了历史学派的轻视。在 19 世纪的后半叶,历史学派在德国的大学中长期占据着统治地位,德语世界中的经济学研究的学术中心因此而转移到了奥地利。奥地利是一个与德国有着共同的语言和文化的邻国。

杜能(1783—1850),在中文中也经常被译作“屠能”,是德国的一个农场主,现代经济学中许多重要的见解,如收益递减、机会成本等概念,以及工资的边际成本理论都来源于杜能的作品。杜能还是区位经济理论的开创者。

H. 戈森(1810—1858)则因“戈森定理”而著名,戈森定理系统地阐述了边际效用递减原理。戈森的代表作是《人类交换规律与人类行为准则的发展》(1854)。戈森的学术贡献被欧洲学者长期忽视,直到杰文斯于 1879 年发现了他,那时杰文斯、门格尔和瓦尔拉斯各自独立地重新发现了戈森在 25 年前已经发现的边际效用递减规律。

汉斯 · K. E. 冯 · 曼戈尔特(1824—1868)是少数几位区分开企业家和资本家,以及将企业家所获得的利润与其所承担的风险相联系的早期经济学家之一。曼戈尔特认为,企业家所获利润的性质是企业家从事一系列活动的报酬,即企业家才能所带来的收入。

德国历史学派:一群被看作历史学家的经济学家

19 世纪的德国与英国在一些关键的经济制度方面存在着极大的不同,所以,这两个国家会产生出不同的经济思想体系就不那么令人奇怪了。重商主义色彩的经济管理规则在德国消失的时间要比在英国晚很长时间，这些思想和政策在德国一直持续到1871年德意志帝国的建立。

在德国，企业的自由竞争受到了严格的限制，政府的官僚机构管理和统治着德国经济生活的各个方面。再加上当时的德国是一个分裂的、衰弱的和落后的农业国，民族主义、军国主义、爱国主义、家长作风、纪律与服从、政府威权主导着当时的德国社会，德国人普遍相信应该而且只有通过政府强有力的干预，德国才能够实现赶超。英国的个人主义、自由主义和世界主义的经济理论不适合德国的"特殊国情"和需要，在质疑英国自由主义经济学说普遍适用性的过程中，强调不同国家在民族、历史、国情方面的差异，否定存在具有普遍解释力的经济规律，维护德国生活方式并使之合理化的、民族主义的"德国历史学派"就登上了历史的舞台。在19世纪的前半期，德国经济学家的代表人物就是被称为"德国历史学派"先驱人物的**弗里德里希·李斯特**。

弗里德里希·李斯特(1789—1846)的代表著作是《政治经济学的国民体系》(1841)。在经济学说史上众多的经济学家中，李斯特的一生恐怕是最丰富多彩的或最杂乱无章的，他当过会计师、大学教授、农场主、政客、记者、作家、外交官和铁路投资人，曾经因为煽动暴乱而被德国政府驱逐出境，加入美国国籍后又作为美国驻莱比锡和汉堡的领事而返回德国。糟糕的健康状况、拮据的经济状况和对德国迟迟不能统一的绝望使他在57岁时开枪自杀了。

李斯特强调经济学研究要与历史研究相结合,认为不同的民族之间、一个国家在不同的发展阶段都有其特有的特点,古典经济学说所说的那种适用于任何时期和任何国家的共同的、普遍的经济规律是不存在的,只存在各国或各民族、在特定的时期所特有的发展国民经济的特殊道路;不存在适用于所有国家经济发展的经济规律,只有特定的国民体系的政治经济学——即"国民经济学",所以他们将"政治经济学"称为"国民经济学";反对像古典经济学那样把自私自利作为普遍存在的经济动机,强调国家、法律、道德和宗教对经济发展的决定意义;社会自身的利益和其中的个人利益是完全不同的。

在政策上,李斯特主张对内鼓励经济自由,对外实行贸易保护,认为经济落后的国家应通过政府干预政策来保护国内不成熟的制造业,即今天所说的"幼稚产业",干预手段就是高关税,但李斯特同时又认为这种政府干预应是有期限的。在李斯特的理论中,促进生产远比保护消费者的利益要重要得多,李斯特和李斯特的追随者们都固执地认为,英国、美国和日本都是通过在经济发展的初期对幼稚产业进行贸易保护的基础上才最终走上经济持续增长的道路的，显然，现代经济学并不支持这样的一种因果关系。李斯特倡导的“国家主导”型市场经济和亚当·斯密倡导的“个体”型自由市场经济形成了鲜明的对比。尽管李斯特的经济思想在西方世界早已失去了吸引力，但在东方世界，李斯特主张的政府计划、政府干预和贸易保护思想在相当长的时间里备受掌握着巨大经济资源和重要经济机会的政治集团的青睐。

在19世纪40年代的德国，在李斯特之后形成了一个一般被称为“**（旧）历史学派**”的德国经济学派。在研究方法上，历史学派反对古典经济学派的抽象演绎法，主张对一国的社会经济活动通过历史归纳法展开研究；历史学派强调对经济史、政治史、文明史、法律史的研究，认为由于经济现象和其他社会现象是相互依存的，因此只有把经济学和其他社会科学结合起来才可以研究影响经济现象的所有因素和经济行为的所有影响，强烈反对在“假设其他条件不变”的条件下去孤立地、片面地研究经济过程的某一片段；历史学派主张通过大量收集关于各个国家和民族的历史及现状的描述性资料来揭示它们发展的特点与规律，以建立具有民族和历史特点的国民经济学。历史学派用对历史过程的现象描述来代替逻辑分析，完全集中于经验研究而彻底否认经济理论的作用，故在理论上贡献不大。在政策上，历史学派反对自由放任，强调政府干预的必要性和重要性。

旧历史学派的代表人物是**威廉·罗雪尔**（1817—1894），他在1843年出版的《历史方法的国家经济学大纲》被称为“历史学派的纲领”。罗雪尔认为只有从历史史实的类比中才能够获知关于未来经济发展方向的线索，完全否定了经济理论的绝对性。此外，布鲁诺·希尔德布兰德（1812—1878），其代表作是《现在和将来的国民经济学》（1848），卡尔·克尼斯（1821—1898），其代表作是《历史方法观的政治经济学》（1853），也是那个时代德国历史学派的代表人物。

19世纪70年代以后，“历史学派”进一步发展为“**新历史学派**”，其代表人物是**古斯塔夫·施穆勒**（1838—1917）、**阿道夫·瓦格纳**（1835—1917）、**马克斯·韦伯**（1864—1920）和**桑巴特**（1863—1941）。

“新历史学派”较之“旧历史学派”更加强调使用历史归纳法进行经济研究，把经济学研究彻底变成了传统意义上的经济史的研究，更加强调伦理道德和心理因素在经济生活中的作用，认为只有从伦理道德与民族心理出发去整理历史资料才能归纳出经济发展的历史过程和历史经验，从而在根本上否定了进行任何理论探讨的必要性，完全否认了理论经济学的价值，把政治经济学研究仅仅归结为对经济发展过程做纯经验主义式的观察和描述。

施穆勒一生著述很多，主要代表作是《一般国民经济学大纲》(1900—1904)，他的学说曾在数十年内统治和支配着德国的经济学界，并影响到了欧洲和美国的学术研究活动。

由于当时的德国政府控制着大部分的高校，所以，维护政府权威、强调政府干预重要性的德国历史学派就成为他们所主张的学说的最大受益者。作为政府的回报，历史学派的学者们与政府的官员和官僚机构建立了非常亲密的关系，完全主导了当时的德国大学，控制了德国学术界大部分职位的任命权，施穆勒在当时因此被称作“教授制造者”，边际学派的学者则完全被排挤出了讲德语的国家的学术界。在这些国家中，历史学派在长达40年的时期里一直占据着主流经济学的位置，是当时德语国家中最有影响的经济学派。德国历史学派所倡导的民族主义思想可能在无意间促进了德国民族主义向狂热的军国主义的转变，最终促进了而不是阻止了两次世界大战的发生，从这个方面来说，历史学派经济学家提出的有些思想不仅是不利于经济学学术研究的发展，而且还有害于世界文明和历史的进步。

从1843年罗雪尔发表《历史方法的国家经济学大纲》开始到1883年卡尔·门格尔的《关于社会科学方法，特别关于政治经济学方法的研究》一文正式发表，揭开了与历史学派关于经济学方法论的争论之后，历史学派在德语国家中的主流地位才最终被推翻，这场关于经济学方法论的争论在德语国家中前后持续了二十多年。关于归纳法重要还是演绎法重要的“方法论”之争在最后自动地解决了，经济学家们最终认识到归纳与演绎对于经济学研究而言都很重要，它们互为补充，收集历史资料与使用正确的理论工具处理这些历史资料对于经济学研究都是非常有用的。

随着 1917 年施穆勒的离世，再加上历史学派的部分思想已经被经济学家们普遍接受了，历史学派自然就没有必要再作为一个独立的学派而继续独立存在了。

施穆勒的思想后裔：马克斯·韦伯和他的《新教伦理与资本主义精神》

自认为是施穆勒的思想后裔、来自德国的社会学家和经济学家**马克斯·韦伯**（1864—1920）是著名的《新教伦理与资本主义精神》（1904—1905）一书的作者。在这本书中，马克斯·韦伯认为，现代社会的发展是由人们毫无乐趣的辛勤工作带来的，人们辛勤工作的精神动力来源于宗教的力量，主要是推崇节俭和勤劳的新教伦理，而不是像亚当·斯密所说的是源于不受限制的贪婪和不受约束的逐利行为。贪婪的本能在资本主义以前所有的社会形态中都是存在的，认为贪婪是资本主义发展的驱动力的想法是天真的。是宗教的改革带来了西方资本主义的发展，因为宗教改革解除了数个世纪以来束缚人们头脑和商业活动的宗教枷锁。在宗教改革以前，基督教的教义强调的是禁欲的原则和对贫困的坚守，在那个时代，赚取财富对于一个虔诚的基督徒来说是可耻的，“让不信神的人去追求物质利益吧”。按照新教教义，追求世俗的财富是缓解尘世苦难的一种方式，劳动增加了上帝的荣耀，基督的信徒应该努力地诚实工作，行乞和懒惰是可耻的，“你必须为上帝而勤劳致富，但不可为肉体和罪孽而如此”，“获得你所能获得的一切，节省你所能节省下的一切，给予你所能给予的一切”被看作是一个基督徒应该坚守的信条。对于现代资本主义的未来，马克斯·韦伯却不像亚当·斯密那样的乐观。韦伯特别担心官僚体制会破坏资本主义的活力，担心现代资本主义会变成一个公司的世界，大公司的世界，担心人们会生活在一个非人性的、组织严密的官僚主义的牢笼中，失去精神价值和人生的乐趣。

许多历史学家和经济学家认为马克斯·韦伯关于西方资本主义崛起原因的观点过于简单化了，毕竟资本主义的最初发展是发生在天主教的意大利城邦，17 世纪西班牙的经院学者们也都倡导资本主义和自由市场。现代资本主义也不像韦伯预言的那样，在现代资本主义社会里，一个人也许不认识他的邻居，但他所拥有的财富剩余、闲暇时间、商业伙伴、自发组织以及新技术所提供的新的机会都使他能够拥有比过去的“旧时代”多的多的情感体验和交流机会。

马克斯·韦伯于 1864 年 4 月 21 日生于德国的埃尔福特，1882 年进入海德堡大学学习法律，1883 年在斯特拉斯堡服兵役一年，1884 年进入柏林大学攻读法律，在完成并出版了讲师资格论文《罗马农业制度的历史对罗马公法与私法的重要性》后，开始在柏林大学教授罗马法、日耳曼法及商法。

马克斯·韦伯的学术兴趣后来从法学转向了经济学，于 1893 年接受了当时地位较低的地方性大学“弗莱堡大学”经济学教授的职位，1896 年又转任海德堡大学政治学教授。在与父亲进行过一次激烈争吵的七个星期之后，韦伯的父亲去世了，受内疚的折磨，马克斯·韦伯患上了严重的抑郁症，在长达 15 年的时间里无法承担教学任务，在最严重的时候甚至难以集中精力进行阅读。

1903 年马克斯·韦伯辞去教授职位后到美国旅行，这次旅行成为韦伯的一个转折点。美国的见闻促使韦伯振作起来，写出了他最著名的著作《新教伦理与资本主义精神》一书。这本书在1904年和1905年先后作为两篇论文发表,1920年在修订后出版,1930年被译为英文出版,这本书使韦伯成为了现代社会学的奠基者。1910年马克斯·韦伯参与创立了德国社会学学会。1919年韦伯受聘于德国的慕尼黑大学,一年后因肺炎去世。

第3章　马克思与《资本论》

【德】卡尔·马克思

(1818—1883)

■ 马克思的生平和思想历程

■《资本论》

■ 对马克思主义理论的发展与修正

■ 主流经济学镜片下的马克思的经济学理论遗产

资本来到人间每一个毛孔都充满了肮脏的血。

利润对于无耻的驱动，可以丧失所有的尊严，可以把黄脸婆和无耻的荡妇变为高尚的淑女。

工人无祖国。

资产阶级在它的不到100年的阶级统治中所创造的生产力，比过去一切世代创造的全部生产力还要多、还要大。自然力的征服，机器的采用，化学在工业和农业中的应用，轮船的行驶，铁路的通行，电报的使用，整个大陆的开垦，河川的通航，仿佛用法术从地下呼唤出来的大量人口，——过去哪一个世纪能够料想到有这样的生产力潜伏在社会劳动里呢？

——马克思

商业就是一种合法的欺诈。

——恩格斯

在约翰·斯图亚特·穆勒之后，马克思这位激进的或革命的社会主义者终于登上了历史的舞台，不过，马克思要做的工作不是要使由亚当·斯密设计建设的“经济学理论大厦”如何变得更加完美，也不满足于做一个言辞激烈的批评者，马克思要做的是彻底摧毁它。

马克思不认为古典政治经济学的理论体系有什么改建或完善的价值，充其量只有“几块理论砖头”能够在马克思建造自己的“理论大厦”时加以利用。与主张在行动上实践“革命理论”的马克思相比，凡勃伦、加尔布雷斯这些市场经济的批评者就只能算作是站在“斯密大厦”面前的一群尖酸刻薄、吹毛求疵、指手画脚的愤世嫉俗者而已。

马克思不屑于仅仅对资本主义做出道德上的批判，而是致力于去寻找导致资本主义最终灭亡的内在矛盾。马克思认为他最终做到了这一点，马克思在劳动价值理论的基础上创造了资本的剥削理论，并在此基础上阐述了资本主义最终必将被社会主义所取代的人类社会发展的历史规律。马克思认为在发达的资本主义国家内部，社会革命是不可避免的，全世界的无产者联合起来能够加速这一进程。

马克思的这些思想集中体现在他的经济学巨著《资本论》中。三卷本的《资本论》分别出版于1867年、1885年和1894年。

由德国社会民主党的著名理论家考茨基根据马克思的手稿整理出版的《剩余价值理论》，也被一些学者看作是《资本论》的第四卷。

第一节　马克思的生平和思想历程

卡尔·马克思(1818—1883)出生于普鲁士莱茵省特利尔城的一个犹太律师家庭。马克思没有上过小学，在12岁的时候进入特利尔中学读书，1835年毕业，在班里32名学生中排名第八。按照学校的要求，马克思为毕业写了三篇论文，有拉丁语作文、宗教作文和德语作文。马克思的德语作文题为《青年在选择职业时的考虑》，他在这篇毕业论文里表述了自己的人生观："如果我们选择了最能为人类谋福利而劳动的职业……我们的幸福就将属于千百万人，我们的事业将默默地、但是永恒地存在下去。"

在中学毕业的同年，马克思进入了波恩大学学习法律。尽管马克思极其聪明，但他过分贪玩，很少去上课，终日留恋于饮酒和聚会，与家人也很少联系。马克思的账单堆积如山，还在一次决斗中受伤。马克思在这一时期创作了大量的诗歌，这主要与他正在与燕妮热恋有关。除了诗歌以外，马克思还尝试着写剧本和戏剧评论，马克思甚至一度想成为一名诗人和作家。当马克思向他的父亲要诗集的出版费用时，他的父亲拒绝了他，不过马克思很快也发现自己很难在这方面有所作为。在波恩大学的第一个暑假，马克思回到了家乡，与燕妮悄悄订了婚。

一位孤独的思想家

马克思的皮肤很黑，四肢粗壮，黑发，在小的时候十分淘气，经常捉弄他的姐姐和妹妹。马克思喜欢独立思考，讨厌人云亦云，总是用批评的眼光来观察世界，马克思的书名中就常常包含“批判”这个词语。马克思冷漠、孤独、悲观、激进，不拘礼节，桀骜不驯，愤世嫉俗，毫不宽容。马克思喜欢嘲讽别人，喜欢与人辩论，完全无法容忍与他不一致的任何意见，对任何反驳他的人，都会给予极度的蔑视或无情的反击，马克思因此被许多人看作是独裁者的化身。马克思一生朋友不多，恩格斯似乎是他唯一的能够坦诚与之交流的人。在生活上，马克思非常的散漫，缺乏条理，缺乏节制，缺乏自我控制能力，不修边幅，很少修剪胡须和头发，极少清洗和换洗衣服，外衣的纽扣经常扣错。在阅读方面，马克思的兴趣也是有点漫无目标和杂乱无章。

经济思想史中最令人痛心的记录之一就是马克思与他父母之间的通信。马克思的父亲对马克思极其失望，他在信中斥责马克思是一个“邋遢的野蛮人，反社会的家伙，冷漠的哥哥，自私的爱人，毫无责任感的学生，不计后果的挥霍者”、“这个无法无天、不负责任地玩弄所有科学、在昏暗的油灯下郁闷地苦思冥想、套着学者的长袍、顶着乱糟糟的头发的野蛮人”。马克思的父亲在另外一封信中指责马克思“被一种让人心与善疏离的魔鬼所支配”(见马克·斯考林的《现代经济学的历程》)。

马克思的父亲对马克思在波恩大学第一年的表现极不满意,他希望马克思能够受到严格而正规的教育,能够改掉身上的散漫习气,于是就让其退学并于次年转入柏林大学,继续学习法律专业。马克思在柏林大学待了五年。在柏林大学,马克思的兴趣并不在法律方面,而是将主要精力放在了文学、哲学和历史方面。追求燕妮的成功强化了他对诗歌的兴趣,后来这些诗歌被编成三本诗集,献给了燕妮。

在柏林大学,马克思很快就觉得大学的课程枯燥无味,他逐渐很少去上课,把自己关在屋子里大量阅读哲学和历史方面的书籍,过着一种吉卜赛人一般的放荡不羁的生活。1838 年 5 月马克思的父亲去世了,马克思与家人的联系变得更少了。

随着来自家庭的援助的日益减少以及与燕妮的订婚,选择一个固定的职业对于马克思来说就变得极为迫切了。学术界似乎是马克思的首选,马克思出于在波恩大学求得哲学讲师职位的考虑,决定着手撰写一篇哲学方面的博士论文。从 1839 年开始马克思花了两年的时间研究古希腊哲学家德谟克利特和伊壁鸠鲁的思想，写成了他的博士论文《德谟克利特的自然哲学和伊壁鸠鲁的自然哲学的区别》。马克思把这篇博士论文献给了燕妮的父亲。

马克思担心他的博士论文在柏林大学被驳回，在 1841 年 4 月将他的论文直接寄到了耶拿大学，这是一所名气较小的大学。1841 年 4 月 15 日，马克思在没有答辩的情况下直接获得了该学校的博士学位。

大学毕业后，马克思迁居波恩，打算到波恩大学当教师，但马克思的思想对于波恩大学来说过于激进了，这就迫使马克思放弃了当教师(学者)的想法。但只有一个博士学位，而没有一个固定的职业是无法与燕妮结婚的，马克思必须找到一份固定的工作。于是马克思于 1842 年加入了该年年初在科隆刚刚创刊的《莱茵报》的编辑工作，同年 10 月开始担任主编。马克思在这期间写的《关于林木盗窃法的辩论》和分析摩塞尔河沿岸酿酒农民破产的《摩塞尔记者的辩护》等文章是马克思最初关注经济问题的成果，这些观察成为促使马克思研究经济问题的动因。

1843 年，马克思与童年时代的好友、普鲁士一位高级政府官员冯・威斯特华伦男爵的女儿燕妮结婚。

1843 年 3 月，《莱茵报》因激进的政治立场而被政府查封。同年秋天，马克思迁居巴黎，在 1843 年底、1844 年初马克思开始对政治经济学进行系统的研究，并于1844年写成了《1844年经济学哲学手稿》，也称《巴黎笔记》，这是马克思第一本研究政治经学的笔记，也可以看作是马克思最早的经济学著作。这本著作在马克思的生前并没有发表，直到1927年才以俄文第一次出版。

1844年2月，马克思为了躲避普鲁士政府的新闻检查在巴黎与卢格（1802—1880）一起创办了《德法年鉴》杂志，这份杂志只在1844年年底出版了一期双刊号（1—2期合刊）。普鲁士政府以马克思在《德法年鉴》上撰写的文章宣布他犯有叛国罪，在马克思的一生中，他首次成为政治避难者。

恩格斯在该杂志上发表了《国民经济学批判大纲》一文，对马克思产生了重要的影响。1844年8月两位导师在巴黎会见，他们发现彼此在一切理论方面的意见都完全一样，从此开始了终生的合作。恩格斯的这篇文章不仅促使了马克思去研究政治经济学，而且标志着马克思主义政治经济学萌芽阶段的开始。

在19世纪40年代，马克思和恩格斯的研究领域仍然主要集中于哲学方面。1844年他们共同写作的第一本著作《神圣家族》（《对批判的批判所做的批判》）完成了，并于次年出版。尽管马克思写了大部分，但却把恩格斯的名字写在了前面，恩格斯对此非常不悦。恩格斯于1845年在德国出版了《英国工人阶级状况》一书。

由于煽动德国革命，1845 年初马克思被法国政府驱逐出境，流亡到了比利时的布鲁塞尔。同年 4 月，恩格斯也来到布鲁塞尔，他们共同写作了《德意志意识形态》这本哲学著作。在这本著作中，马克思首次对历史唯物主义的基本原理做了比较系统的阐述，为政治经济学的形成和创立奠定了理论基础。但这本书在当时并没有公开出版，对马克思历史唯物主义学说的第一次系统阐述是在马克思 1847 年出版的《哲学的贫困》一书中。这本书是为了反驳当时法国最有名的社会主义学者蒲鲁东的《贫困的哲学》一书而用法文写的，这本书被认为是马克思出版的第一本政治经济学著作。这本书一共印了 800 本，几乎没有造成什么影响，他不得不自己支付出版资金，蒲鲁东称这本书是“谩骂、歪曲和剽窃的罗列”。

1847 年，“共产主义者同盟”委托马克思和恩格斯以宣言的形式为该组织制定一个纲领，他们于 1848 年 2 月发表了《共产党宣言》，这篇文献标志着马克思主义的诞生。1847 年底，马克思在布鲁塞尔法国工人协会做了《雇佣劳动与资本》的演说。马克思由于用父亲的遗产(6 000 法郎)为比利时的工人武装购买步枪而被捕。

释放后的马克思于 1848 年重返德国科隆，创办了《新莱茵报》(1848 年 6 月 1 日—1849 年 5 月 19 日)，并于 4 月以社论的形式发表了《雇佣劳动与资本》。1849年5月19日，该报停刊，同年8月马克思再次被德国政府驱逐出境。

马克思在巴黎短暂停留后于同年8月定居伦敦，从此马克思就一直在这个世界上最大的资本主义城市中生活、研究和写作。恩格斯在几个月后也来到伦敦。在19世纪50年代初，马克思创作了《1848—1850年法兰西阶级斗争》、《路易·波拿巴的雾月十八日》等著作。

从1850年秋天开始，马克思恢复了对政治经济学的系统研究。马克思尝试建立一个自己的理论体系来取代亚当·斯密的古典政治经济学理论体系，这个新理论体系的目的是要用科学的理论来证明资本主义制度所存在的致命缺点，即资本主义制度在其本质上是剥削工人、保证资本家获利的，资本主义必将无可避免地自我毁灭。

1850年，马克思得到一张当时（现在也是）很难得到的大英博物馆图书馆的阅览证，从此之后的很长一段时间，大英博物馆的图书馆就成了马克思的主要去处，主要是阅读过期的《经济学家》杂志。马克思对《资本论》的写作过程可以概括为“边设计，边施工；边施工，边修改”和“边学习，边写作”。

在1850—1853年间，马克思先后写下了24个笔记本的笔记，在此基础上，马克思于1857年11月到次年5月写成了

《1857—1858年经济学手稿》,并定名为《政治经济学批判》,苏联在1939年和1941年出版时加了《政治经济学批判大纲(草稿)》的标题,这可以被看作是《资本论》的第一个草稿。1858年8月到10月,马克思根据该手稿重新撰写了《商品》、《货币》两章,并于1859年以《政治经济学批判》(第一分册)的书名正式出版。此后,马克思在60年代初撰写了一部新的政治经济学手稿,即《1861—1863年经济学手稿》,共23册,1 472页,成为《资本论》的第二个手稿。从1863年7月到1865年年底,马克思在对上述手稿进行加工的基础上,为《资本论》写了一份新的手稿,即《1863—1865年经济学手稿》,这是《资本论》的第三个手稿。1867年秋天《资本论》第一卷出版。

1871年3月18日,法国巴黎工人起义,建立了巴黎公社。起义失败后在当年的5月间,马克思为"国际工人协会"(即"第一国际")总委员会撰写了宣言——《法兰西内战》,总结了这次革命的历史经验。

1875年,马克思写作了《哥达纲领批判》一书。这篇文献是马克思在1875年5月写作的一部经典著作,于1891年在《新时代》杂志第一卷18期公开发表,是继《共产党宣言》之后国际共产主义运动中的又一个纲领性文件。

在19世纪60—70年代的德国存在着两大工人运动组织,

一个是“全德工人联合会”，是德国工人运动中的非马克思主义派别，由于其创始人叫斐迪南·拉萨尔，故也称“拉萨尔派”，成立于1863年，主张通过争取普选权和借助于国家帮助建立合作社的途径来建立社会主义，反对无产阶级专政和无产阶级革命。另一派是“社会民主工党”，成立于1869年，也称“爱森纳赫派”，领导人为李卜克内西和倍倍尔，属于德国工人运动中的马克思主义派别。德国于1871年统一以后，拉萨尔派主动提出与爱森纳赫派合并，马克思、恩格斯主张在坚持无产阶级革命的原则下才能同意合并，但李卜克内西等人急于合并，向对方做出了原则性的让步，达成了一个合并纲领，即《哥达纲领》，并于1875年5月22日—27日在哥达城召开合并大会，通过了该纲领，马克思就是针对当时这种情况写了《哥达纲领批判》，并于1890—1891年公开发表。

这本著作的基本内容可以概括为三点：1. 生产资料所有制是分配关系的基础，不可能在保留资本主义所有制的前提下改造分配制度；2. 创立了共产主义社会发展两个阶段的学说；3. 发展了无产阶级专政理论。

欧根·杜林是德国柏林大学的讲师，社会主义学者，写了一些著作批评马克思主义，恩格斯在1877—1878年间写了一系列批判杜林的文章，并于1878年7月间汇集成书，即《反杜林论》。《反杜林论》是一部马克思主义的百科全书，系统地阐述了马克思主义哲学、经济学和科学社会主义的基本原理。该书的问世标志着马克思主义理论体系的最终形成。

1883年马克思去世。在马克思去世的三天后，恩格斯在伦敦的海德公墓发表了《在马克思墓前的讲话》，概括了马克思一生的重大理论贡献。

在马克思去世后，恩格斯于1885年7月整理出版了《资本论》第二卷。《资本论》的第三卷于1894年问世。

1884年，恩格斯发表了《家庭、私有制和国家的起源》，系统地研究了私有制、阶级和国家的产生、发展及灭亡的规律，是一部历史唯物主义的巨著。恩格斯在晚年的另一部重要著作是1894年出版的《法德农民问题》。

1895年8月5日，恩格斯在伦敦去世。

马克思的伦敦岁月

马克思一生活了65岁，其中有34年是在伦敦度过的，伦敦这个当时最大的资本主义城市成为马克思一生中最主要的活动场所。在伦敦的流亡岁月中，特别是在最初的六年中，马克思经常处于极度贫困和精神极度痛苦的状态，在他的七个孩子中只有三个女儿活了下来。

马克思在伦敦期间唯一一份有收入的工作是为《纽约每日论坛报》撰稿，在1852年，马克思成为该报18位驻外记者之一。

在开始的时候，由于马克思的英文还不能运用自如，所以，许多文章都是由恩格斯执笔，或将马克思写的德语文章翻译成英文，然后署上马克思的名字，这样的文章大约有一百余篇。截至1862年，《纽约每日论坛报》一共刊登了487篇马克思署名的文章，其中350篇是马克思自己写的，12篇是与恩格斯合写的。每篇的稿酬大约是1—2英镑。

在伦敦期间，马克思曾经向大西部铁路公司申请当一名办事员，但由于他的字写得非常难以辨认而没有被录取。马克思的字非常潦草，有的地方甚至把单词写成了一条线，有时连他自己也认不出来他写的是什么，马克思的许多手稿是由燕妮抄写，然后才送往出版社或报社的。

马克思从未通过写作赚过什么钱，他曾对拉法格说："《资本论》的稿费甚至不够付给我写它所吸的雪茄烟钱。"马克思主要依靠变卖家具首饰、继承遗产、接受捐赠和恩格斯的资助生活。马克思收到过许多大数目的钱财，如果细心管理的话，完全可以把生活安排得很好，马克思的贫困在很大程度上是因为他不会节省使用金钱所致。恩格斯给马克思的钱超过了他自己的花费，这些钱有时是汇过去的，有时是把钞票剪成半截用不同的信件寄过去的。马克思在《资本论》第一卷扉页上的献词中提到的"威廉·沃尔弗"就在他去世后赠给马克思800英镑，但马克思很快就用这些钱租了一个别墅，养了两只狗、两只鸟和一只猫，不久马克思又负债累累了。

马克思是一个世界公民，自从他被普鲁士政府驱逐后，为了避免被普鲁士政府引渡回国，马克思主动放弃了德国的国籍，从此，马克思就一直没有国籍。马克思本人曾于1874年申请加入英国国籍，但英国政府因他为“恶迹昭著的德国煽动家，从未效忠于自己的国王和国家”而拒绝了他的请求。马克思在伦敦有一度曾想到美国或加拿大去，但没有足够的钱支付全家的船票，马克思当时不知道英国政府可以为政治流亡者提供船费补助，否则历史也许将会因此而改写。

在英国首都伦敦的北部，有一处1839年创办的公墓——海德公墓，占地约15万平方米，有五万多座墓碑，16万人长眠于此，马克思的墓就位于海德公墓的东园，此外英国文豪狄更斯、英国哲学家斯宾塞和女文学家埃利奥特的墓也都在这里。在马克思逝世后的第三天，即1883年3月17日，他就被安葬在这里，和1881年12月逝世的燕妮葬在了一起。当时墓地的位置不是很好，墓也很平常，碑文也很简单，只有一块刻有他们姓名和生卒年月的小石板。

在1954年11月23日，英国共产党集资将马克思的墓迁到原墓左后方六七十米处一个较好的位置上，马克思夫妇以及后来跟他们葬在一起的外孙哈里·朗格、他们家的女仆海伦，都重新安葬，原来不跟他们葬在一起的小女儿埃列诺也迁葬于此。所以，现在的马克思墓合葬着五个人。在原墓的位置上，依然保留着一块石板，上面刻的文字说明了是哪四人曾葬于此，于何年何月何日迁葬等。

新的马克思墓用花岗石修建，呈方柱形，高八英尺，碑顶安放着四英尺高的马克思铜铸头像，这是前英国皇家雕刻学会主席劳伦斯·布莱德肖亲自刻成的。花岗岩底座的上半部刻着《共产党宣言》中结束语“全世界无产者，联合起来”，下面是《关于费尔巴哈的提纲》中的结束语：“哲学家们只是用不同的方式解释世界，而问题在于改变世界。”

进入海德公园，墓园之友基金会要收二英镑的门票，自带相机照相加一英镑，还专门有一本介绍马克思的小册子——《卡尔·马克思，从特里尔到海格特》，在名人名单中，马克思的名字后注有“马克思主义哲学之父”的字样。

第二节 《资本论》

《资本论》的结构

马克思的《资本论》一共四卷，三百多万字，其内容包括理论和理论史两大部分。《资本论》的前三卷构成理论部分，第四卷《剩余价值理论》（也被翻译为《剩余价值学说史》）为理论史部分。

《资本论》第一卷阐述的是资本的生产过程，主要分析了剩余价值的生产问题；《资本论》第二卷阐述的是资本的流通过程，主要分析了剩余价值的实现问题；《资本论》第三卷阐述的是作为资本的生产过程和流通过程统一的资本主义生产的总过程，主要分析了剩余价值的分配问题。

《资本论》第一卷共七篇，分为三大部分。

第一部分即第一篇"商品和货币"，阐述了劳动价值学说；第二部分即第二至六篇，阐述了剩余价值学说；第三部分即第七篇"资本的积累过程"，阐述了资本积累学说，分析了资本积累的实质、资本积累的一般规律、资本主义发展的历史趋势，得出了资本主义私有制的丧钟就要敲响了、剥夺者就要被剥夺了的结论，这一篇是第一卷的总结。

《资本论》第二卷共三篇，可分为两大部分。

第一部分为前两篇，阐述了资本循环与周转学说。第一篇"资本形态变化极其循环"分析了资本循环采取的不同形式以及循环本身的各种形式，第二篇"资本周转"，把资本循环当作周期性的过程来研究，重点分析了资本周转速度对剩余价值生产的影响。第二部分即第三篇“社会总资本的再生产和流通”，阐述了社会总资本再生产学说。各个单个资本的流通是互相联系、互相交错的，并且在联系和交错中形成社会总资本的流通。

《资本论》第三卷共七篇，可分为三部分。

前三篇为第一部分，阐述了平均利润和生产价格学说。第一篇论述了利润，第二篇论述了利润的平均化，第三篇论述了利润率变化的趋势。第一部分重点讲述资本家作为一个阶级是如何占有工人所创造的剩余价值的。第二部分即第四至六篇，阐述了商业利润、利息和地租学说。第四篇论述了商业资本和商业利润，第五篇论述了生息资本和利息，第六篇论述了地租。第二部分重点论述剩余价值是如何通过它的各种形式在各剥削集团之间瓜分的。第三部分即第七篇，阐述了收入学说，研究了社会各阶级之间的关系。第七篇不仅是第三卷的总结，也是《资本论》前三卷的一个总结。

《资本论》的第四卷即《剩余价值理论》，系统地批判了马克思以前有关剩余价值的学说，以批判李嘉图的剩余价值理论为重点。

马克思主义经济学的核心思想

马克思以商品作为分析资本主义的起点。商品包含使用价值和价值两个因素，生产商品的劳动具有二重性，使用价值是由具体劳动创造的，价值是由抽象劳动创造的。商品的价值量由生产该商品的社会必要劳动时间来决定，商品的价值量与劳动生产率呈反比。

雇佣工人的劳动创造了全部的价值，是一切价值的源泉，但资本家只支付给工人劳动力的价值，这个价值小于工人所创造出来的价值，差额的部分就是资本家凭借对资本的占有而无偿占有的、由雇佣工人的劳动创造出来的剩余价值，利润、地租、利息都是剩余价值的不同表现形式。

剩余价值是资本积累的源泉，资本积累导致利润率不断下降、逐渐恶化的经济危机和日益庞大的失业大军。这些都直接或间接地加剧了无产阶级的贫困，不断恶化的经济危机和利润的下降还导致了资本的集中。资本积累和集中的结果必然导致资本有机构成的提高，资本对劳动的替代使对劳动的需求随着总资本的增加相对地减少，这样，资本主义积累必然会不断地同它的规模成比例地生产出相对的、超过资本增殖需要的、因而是过剩的人口。相对过剩人口规律是资本主义生产方式特有的人口规律。因此，资本积累导致了两方面的结果，一方面是资产阶级财富的积累，另一方面是无产阶级贫困的积累，这就是资本主义积累的绝对的和一般的规律。社会的两极分化是资本主义制度的必然产物。

财富越来越集中在少数资本家手中，这与工人阶级的相对贫困和绝对贫困结合在一起就为阶级斗争创造了条件。当越来越多的遭受贫困、压迫、奴役、贬低和剥削的工人开始团结起来公开进行反抗时，“资本主义私有制的丧钟就敲响了，剥夺者就要被剥夺了”，资本主义生产关系由于与生产力的严重冲突而迅速地发生变化。无产阶级通过表现为暴力革命形式的阶级斗争推翻了资产阶级的统治，建立起无产阶级专政的社会主义社会，资本主义社会就灭亡了。

在社会主义社会中，生产资料的国家所有制取代了资本主义的私人所有制，工人通过社会主义国家而成为了资本的所有者，凭借对资本的私人所有而对工人阶级的剥削将会因此而得以消除。在社会主义社会中，消费品的私人所有权是得到允许的，但土地和一切生产资料都要公有，或由国家设立和管理的合作社集体所有，随着利润动机和市场的消除，生产活动、投资活动甚至消费活动都只能是在政府的计划管理下进行。

《资本论》的创作经过

马克思的经济思想集中体现在他的四卷本《资本论》和为《资本论》的写作做准备的一系列手稿中。

马克思《资本论》手稿的写作大致可以分为两个时期，一是19世纪50—60年代马克思创作和出版《政治经济学批判》、《资本论》第一卷的时期，二是19世纪70—90年代马克思与恩格斯撰写、整理、编辑和出版《资本论》二、三卷的时期。

1857年，马克思开始着手写作自己的经济学著作，《1857—1858年经济学手稿》就是马克思在这一时期紧张工作的成果。马克思在1857年10月至1858年5月之间写成了这部手稿的主要部分，并定名为《政治经济学批判》。这是马克思创作《资本论》的最初草稿。这部手稿在马克思生前并未公开发表，前苏联在1939年和1941年将其编辑出版时加了《政治经济学批判大纲（草稿）》的标题。这部手稿由“导言”和《货币》、《资本》三部分构成，此外还包括了一些附录。马克思在这部手稿的“导言”中提出了《政治经济学批判》的“五篇计划”，将他打算写的《政治经济学批判》这部著作分为五篇。但马克思在随后的写作过程中改变了这个写作计划，将“五篇计划”变为“六册结构”。

从1858年8月到10月，马克思根据《1857—1858年经济学手稿》重新撰写了《商品》、《货币》两章和《资本》章的开头部分，并于1859年以《〈政治经济学批判〉第一分册》的书名正式出版（德文版）。该书在出版后并未引起社会的关注，马克思认为这是资产阶级企图以“缄默抵制”的方式来扼杀这一伟大著作，恩格斯为此写了《卡尔·马克思的政治经济学批判》一文，发表在1859年8月德国的《人民报》上，通俗地阐述了马克思这部著作的内容和伟大意义。

1859年1月，马克思在为《政治经济学批判》（第一分册）所写的序言中第一次（也是唯一的一次）向公众宣布了他的《政治经济学批判》一书的写作计划——“六册结构”。马克思指出：“我考察资本主义经济制度是按照以下的次序：资本、土地所有制、雇佣劳动、国家、对外贸易和世界市场。”第一册论述资本，其第一篇“资本一般”由三章构成：第一章《商品》，第二章《货币或简单流通》，第三章《资本一般》。“六册结构”的写作计划反映了马克思计划从整体上对政治经济学理论体系进行系统研究的宏伟规划。

1859年6月出版的《政治经济学批判》（第一分册）的内容就是“六册计划”中第一册《资本》的第一篇“资本一般”的前两章。1861年8月马克思按原定计划开始写作以“资本一般”为标题的第三章，并作为《政治经济学批判》（第二分册）。到1863年7月，马克思将《政治经济学批判》（第二分册）实际上写成了一部包括23个笔记本、1 472页的手稿，这部手稿通常被称为《1861—1863年经济学手稿》。这部手稿的大部分构成了《剩余价值理论》的内容，手稿的其余部分经马克思的重新修改和补充构成了《资本论》前三卷的内容。这部手稿不仅在内容上而且在结构上都是直接与《资本论》相衔接的，为《资本论》的写作奠定了基础。这部手稿可以被看作是《资本论》的第二部手稿。

在这部手稿的写作过程中，马克思对《政治经济学批判》未来写作的“六册计划”做了重要的变动，决定把“资本一般”，即《政治经济学批判》第一册的第二分册扩展为一部独立的著作，并定名为《资本论》，而将《政治经济学批判》这个名称只作为《资本论》的副标题。

从 1863 年 8 月开始马克思就以《资本论》为题重写他的政治经济学著作，并在 1865 年写成了《资本论》的第三份手稿，即《1863—1865 年经济学手稿》，可惜这部手稿没有完全保存下来。

在写作的过程中，马克思提出了《资本论》的“四卷计划”，这样“六册计划”中第一册第一篇的“资本一般”就转化为了《资本论》，所以，《资本论》只是“六册计划”中第一册《资本》的开头部分。经济学巨著《政治经济学批判》的“六册计划”是马克思未能完成、也是他凭借个人的力量不可能完成的一项恢弘计划，展现了马克思对资本主义经济关系研究的恢弘构想。

马克思在 1865 年年底完成了这部手稿后，就根据恩格斯的建议开始着手准备《资本论》第一卷的出版工作。1867 年 4 月 27 日马克思对《资本论》第一卷修改完毕，于同年秋用德文出版。

在《资本论》第一卷出版后，马克思就开始着手撰写《资本论》的第二卷，但直至马克思在1883年去世，这部著作始终没有能够彻底完成。恩格斯在整理马克思的遗稿时发现了《资本论》的这部分手稿，并从1884年6月末开始进行加工修改，并最终于1885年7月在德国的汉堡以《资本论》(第二卷)出版，恩格斯为它写了一个很长的序。在《资本论》第二卷于1885年出版后，恩格斯继续编写《资本论》的第三卷，并于1894年问世。《资本论》三卷的出版标志着《资本论》理论部分的终结和完成。1895年8月5日恩格斯逝世。

《资本论》的第四卷即《剩余价值理论》，是由德国社会民主党的著名理论家考茨基在恩格斯去世以后根据马克思的手稿整理出版的。所以，马克思的《资本论》也可以看作是一共四卷，三百多万字，其内容包括了理论和理论史两大部分，《资本论》的前三卷构成理论部分，第四卷为理论史部分。

《资本论》:就像一颗在遥远宇宙诞生的新星，它的光芒要在几十年以后才能被世人觉察

《资本论》的出版却没有获得它后来所享有的成功，几乎无人关注，恩格斯为此写了七篇评论，但也只引起了少量的批评性评论。1 000册书卖了四年的时间，书的接受程度令人失望。但在恩格斯及其追随者的努力下，这本书仍然被译为多种文字。

马克思把自己的作品看作是“工人阶级的圣经”，甚至希望工人们去阅读这部厚重、抽象、晦涩、学究型的、拥有炫目的博学和难以消化的长度的大部头著作。马克思把自己看作是“社会科学界的达尔文”，并在1880年将自己的一本《资本论》寄给了达尔文，达尔文回信礼貌地请马克思原谅自己在这个问题上的无知。1872年，这部作品被译为俄文，高深的理论使这本书顺利地逃过了俄国新闻检查官的审查，其中有一本被列宁得到。1875年，《资本论》被译为法文。直到1887年，《资本论》的英文版才出现，1890年的一个美国版本卖得很好，5 000册书很快就卖完了，这是因为出版商不诚实地将这本书介绍为是一本教人“如何积累资本”、如何赚钱的教程。

出版了《资本论》第一卷以后，马克思就陷入了学术研究的低潮，没有再完成什么完整的学术作品了，尤其在经济学研究领域。马克思此后开始了漫无目标的阅读生涯，广泛地阅读了大量的文献，为大量的文献做笔记，甚至包括数学、化学和外文领域的文献。例如，马克思曾经花费大量的时间钻研诸如氮肥的化学性质、农业、物理学领域的问题。马克思的影响实际上到了20世纪才伴随着俄国社会主义革命的成功而逐渐显现出来。在马克思去世的时候，马克思几乎被世人所遗忘，只有11个人参加了他的葬礼。

第三节　对马克思主义理论的发展与修正

“马克思主义”这个名称的由来

马克思、恩格斯及他们的追随者们在很长时间内都没有把马克思和恩格斯所创立的学说称为“马克思主义”，因为马克思不喜欢这种突出个人的提法。“马克思主义”这一表达方法的首次出现是在19世纪的60—70年代，是由俄国学者巴枯宁等人最先从贬义上使用“马克思主义”、“马克思主义者”这样的概括的。直到1883年3月14日马克思逝世后，马克思的追随者们才开始从褒义上使用“马克思主义”，以表示对马克思、恩格斯在理论上所做出的伟大贡献的肯定。

与此相类似，“列宁主义”这个概括在开始时也是由列宁思想的反对者们首先从贬义上使用的。例如，孟什维克的领袖马尔托夫在1903年就用“列宁主义”来概括列宁的思想，称“发动了反对列宁主义的起义”。布尔什维克则是直到1923年列宁病重时才开始从褒义上使用“列宁主义”一词。在1924年1月列宁病危时，俄共(布)第三十次代表会议在18日通过的决议中提出:“我们要在所有的组织中成立列宁主义研究小组。”1924年1月21日列宁病故，俄共(布)中央在22日发表的《告全党和全体劳动人民书》中正式提出了“列宁主义”。在列宁逝世五个月后召开的共产国际第五次代表大会上第一次把“马克思主义与列宁主义”合称为“马克思列宁主义”。

马克思主义的三个组成部分

马克思主义在中国也被称作科学社会主义和科学共产主义理论。马克思主义是马克思、恩格斯在19世纪工人运动实践的基础上，批判地继承了德国的古典哲学、英国的古典政治经济学以及英、法两国的空想社会主义学说等前人的优秀思想成果而创立的理论体系。按列宁的概括，马克思主义有三个直接的思想来源和三个组成部分。

从马克思主义直接的思想来源来看，包括以黑格尔和费尔巴哈哲学思想为代表的德国古典哲学；以亚当·斯密和大卫·李嘉图经济学说为代表的英国古典经济学；以法国圣西门、傅立叶和英国欧文倡导的批判的空想社会主义学说。

马克思主义理论体系包括三个组成部分，即马克思主义哲学、政治经济学和科学社会主义。

其中，马克思主义哲学包括辩证唯物主义和历史唯物主义理论，它的研究对象是整个世界的本质和普遍规律，是关于自然界、人类社会和思维的一般规律的科学，自诞生以来一直被无产阶级政党作为认识世界与改造世界的世界观和方法论，它是马克思主义全部学说的理论基础。

马克思主义政治经济学是研究生产关系，尤其是以私有制为基础的商品经济条件下的生产关系的本质及其发展规律的理论，其主要理论创新在于提出了剩余价值学说，揭露了以私有制为基础的市场经济制度剥削工人的秘密，和以私有制为基础的商品经济所具有的不可克服的内在矛盾，揭示了无产阶级同资产阶级之间根本对立的经济根源，发现了以私有制为基础的商品经济的运动规律和发展趋势。

科学社会主义是研究无产阶级解放条件的学说，它以马克思主义哲学和马克思主义政治经济学为依据，研究无产阶级如何通过阶级斗争、无产阶级革命、无产阶级专政消灭以私有制为基础的市场经济，实现人类社会的彻底解放。科学社会主义是马克思主义的落脚点和归宿，它所阐发的社会主义必然代替资本主义的理论是科学社会主义乃至整个马克思主义的一个核心。

马克思主义是一个三个组成部分之间相互联系、彼此依存、有机统一的完整的思想体系。随着时代的发展，马克思主义在后人的社会主义实践中又不断获得了新的发展。

拉法格(1842—1911)

在恩格斯去世后的最初一段时间里，马克思主义者对资本主义生产关系的研究基本上处于停滞状态，直到伯恩斯坦修正主义的出现，对资本主义生产关系的研究才逐渐活跃起来。

在马克思之后的马克思主义者之中，拉法格最早对帝国主义问题做了系统、科学的研究。他在《美国托拉斯及其经济、社会和政治意义》等论著中，敏锐地意识到当时以美国为代表的资本主义已经发展到了一个新的历史阶段。这个阶段的主要特征有：(1)托拉斯造成了资本和生产规模的空前集中，一个垄断组织就可能拥有几百万乃至几十亿的资本，从而使生产的社会化程度达到了前所未有的程度；(2)一小撮金融资本家不仅剥削本国人民，而且在全世界的范围内展开竞争；(3)托拉斯不仅在经济领域占据了统治地位，而且人民的宗教生活、政治生活和精神生活也都屈从于它们的统治；(4)由各个大资本家组成的资本主义总司令部不仅管理和控制着美国的全部财富，而且还操纵着国家的对外政策；(5)资本的集中和垄断组织的出现，激化了阶级矛盾。[①] 与数年后列宁在《帝国主义是资本主义的最高阶段》(以下简称为《帝国主义论》)一书中提出的帝国主义五个基本经济特征相比较，拉法格对帝国主义基本特征的描述，几乎涵盖了它们的所有方面。这些内容反映出拉法格对帝国主义特征的认

① 马健行：《帝国主义理论形成史》，中国社会科学出版社，1993 年版，第 70—73 页。

识已经达到了一个相当全面和深入的程度。

保罗·拉法格，19世纪末、20世纪初法国和国际工人运动的著名活动家，杰出的马克思主义思想家和宣传家，法国工人党和第二国际的主要创建人之一。拉法格的主要著作有《马克思的经济唯物主义》(1885)、《宗教和资本》(1887)、《唯心史观和唯物史观》(1895)、《财产及其起源》(1895)、《思想起源论》(1909)、《马克思的唯物主义和康德的唯心主义》等。

拉法格1842年1月15日生于古巴圣地亚哥的一个法国葡萄种植园主家庭。九岁时随父母定居法国。1864年进入巴黎大学医学院学习。1865年出席在比利时的列日举行的国际大学生代表大会，因在大会上发表反对波拿巴王朝的言论，回国后被开除学籍，旋赴英国继续学医。1866年当选为第一国际总委会委员兼西班牙通讯书记，并结识了马克思一家。在马克思的影响下，放弃了早年接受的蒲鲁东主义思想，成为一名马克思主义者。1868年获医学博士学位，同年与马克思的次女劳拉·马克思(1845—1911)结婚。后回到法国，居住在波尔多。

在1871年巴黎公社起义期间，积极组织南方各省支援巴黎起义，巴黎公社失败后，受到政府的通缉和追捕，流亡西班牙。此后，继续致力于第一国际的工作，与恩格斯一同起草了反对巴枯宁的文件《社会主义民主同盟和国际工人协会》。1879年建立法国工人党。1882年回到法国，任法国工人党机关报《平等报》编辑。80年代末参加第二国际的创建活动，以后又积极参加反对伯恩斯坦机会主义的斗争。1891年当选为众议员。1905年在法国统一社会党成立大会上当选为领导成员。1911年11月25日，即将年满70岁的拉法格和劳拉，双双注射了氢氰酸毒剂，在自己的卧室里平静地与世长辞了。

19世纪末20世纪初，随着垄断的最终形成，对资本主义发展过程中出现的各种新现象的认识开始走向深化，认识上的分歧也逐渐开始不断地暴露出来，马克思主义者之间的争论也日趋激化。围绕着应该如何看待帝国主义的本质，承认不承认帝国主义是资本主义发展的一个特殊阶段，大致可以将马克思主义者的各种不同观点分为两大类：一类观点认为，帝国主义仅仅是资产阶级为了解决积累问题和工农业之间的比例问题而采取的一种特殊的政策；另一类观点则认为，帝国主义是资本主义基本特性的继续和发展，是资本主义发展的最新阶段或最高阶段。持有第一种观点的马克思主义者以卢森堡和考茨基为代表，持有第二种观点的马克思主义者则以希法亭、布哈林和列宁为代表。

考茨基与《帝国主义》(1914)

考茨基(1854—1938)是德国社会民主党的著名理论家和第

二国际的主要领导人之一。考茨基1854年诞生于奥匈帝国的布拉格。1874年进维也纳大学哲学系学习,1875年加入奥地利社会民主党。1877年加入德国社会主义工人党(后为德国社会民主党)。1880年1月应德国社会民主党人赫希伯格之邀到瑞士苏黎世担任其助手,因此结识了伯恩斯坦。1881年3月被派往伦敦会见马克思和恩格斯,从此转向马克思主义,并以各种身份和方式传播和发展马克思主义,是一个多产的专栏作家,也是德国社会民主党的理论杂志《新时代》的创立者,1883年1月在恩格斯、威廉·李卜克内西等人的支持下在斯图加特出版《新时代》理论刊物,担任主编至1917年。这一杂志创办不久就成为当时欧洲主要的马克思主义论坛。恩格斯的《费尔巴哈和德国古典哲学的终结》和马克思的《哥达纲领批判》,以及考茨基自己的《卡尔·马克思的经济学说》等著作就发表在这份杂志上,对宣传马克思主义学说起了巨大的作用,考茨基也因此获得了很高的声誉,他成为了德国社会民主党和第二国际的主要理论家。

1885年考茨基迁居伦敦,在大英博物馆研究经济学和历史学。1886年出版了《卡尔·马克思的经济学说》,这是考茨基写的一部传播马克思主义政治经济学理论的通俗读物,该书主要阐述了《资本论》第一卷的内容。这也是继《资本论》之后的第一个马克思主义政治经济学体系，由三篇及每篇又包括若干章构成。其中，第一篇阐述“商品、货币和资本”，包括三章内容，即“商品”、“货币”和“货币转化为资本”；第二篇叙述“剩余价值”，包括十章内容，即“生产过程”、“资本在价值形成过程中的作用”、“劳动力的剥削程度”、“剩余价值和利润”、“劳动日”、“小业主的剩余价值和资本家的剩余价值”、“相对剩余价值”、“协作”、“劳动分工和工厂手工业”和“机器和大工业”；第三篇叙述“工资和利润”，包括七章内容，即“工资”、“资本的收益”、“简单再生产”、“剩余价值变为资本”、“人口过剩”、“资本主义生产方式的曙光”和“资本主义生产方式的末日”。

从上述章节所涵盖的内容来看，这个理论体系除了对个别地方做了调整和删减之外，基本上与《资本论》第一卷的内容和逻辑结构相一致，是一部典型的《资本论》第一卷的缩写本。作为一本马克思经济学理论的简明读物或入门书，对马克思经济理论的早期传播发挥过巨大的作用。1939 年，苏联国家政治书籍出版社在翻译出版该书时，在“俄译本出版说明”中做了如下评论：“考茨基的这本著作的特点是：他在这本书里通俗地叙述了马克思的《资本论》（主要是指第一卷）的内容，并且比较忠实地保持了原著的精神。考茨基在很多地方引用了马克思的原话。但是，他在自己转述《资本论》内容的时候，并不求助于引证原著，而努力想把马克思的思想过程再现出来，他自己提出论据，甚至使用艺术形象，把文章写得很生动。”①

1889年考茨基受恩格斯之托开始整理马克思的《剩余价值学说史》手稿。1891年返回斯图加特，并参加社会民主党新党纲理论部分的起草，这个纲领比《哥达纲领》前进了一步。恩格斯逝世后，考茨基对伯恩斯坦的修正主义观点持认可态度。从1896年10月起，让伯恩斯坦在《新时代》杂志上发表了以《社会主义问题》为总标题的一系列文章，引起了一些德国社会民主党和各国社会主义者的不满。1899年9月考茨基出版了《伯恩斯坦和社会民主党的纲领》一书，批驳了伯恩斯坦的观点，但回避了打碎旧的国家机器、无产阶级专政问题。1900年9月参加第二国际巴黎大会，对米勒兰入阁问题提出折中决议案，认为这只是一个策略问题，而不是原则问题，从而以在原则问题上持折中、调和、改良态度的“中派”面目出现在第二国际，1910年后考茨基在第二国际与希法廷和鲍威尔等人一起形成了一个中派集团。

第一次世界大战爆发后考茨基为本国政府辩护，1914年9月发表《帝国主义》一文，提出了“超帝国主义”的观点，认为随着国际垄断组织的形成和发展，帝国主义可以进入一个消除生产无政府状态的“超帝国主义”阶段。因而不能认为帝国主义是资

① [德]卡尔·考茨基：《马克思的经济学说》，北京，三联书店，1958年版，第1—2页。

本主义的最高阶段和无产阶级革命的前夜。在这部著作中，考茨基还阐述了反对国家的全面控制、主张在社会主义中实行多种形式的所有制的思想。

考茨基对帝国主义的本质和经济根源的认识是从工业与农业之间的关系问题入手的。他在《帝国主义》一书中提出，农业是国民经济的基础，在资本主义生产条件下，尽管农业可以在一定时期内不需要工业，但工业却永远少不了农业。因为，一旦原料和食品的供应哪怕是暂时的停止，工业生产过程也要停顿下来。为了使工业生产部门能够不断取得食品和原料，就必须使工业和农业之间保持一定的比例关系。但是在资本主义条件下，工业的发展速度却总是大大地超过农业，从而使工农业之间不平衡的趋势日益加剧。这样就产生了一个尖锐的矛盾：农业越来越落后，越来越无法满足以更快速度发展的工业对原料及食品的需要，也无法吸收日益增多的工业品。只有当为其服务的农业区域得以不断扩大，工业中的资本积累才能毫无阻碍地进行下去，生产也才能得到发展。工业高度发展的民族国家解决这一问题的途径是，推行了一种不断扩大为自己服务的农业区域的政策。考茨基把这一政策称作帝国主义的政策。所以，他给帝国主义下的定义是："帝国主义是高度发展的工业资本主义的产物。帝国主义就是每个工业资本主义民族力图征服和吞并愈来愈多的农业区域，而不管那里居住的是什么民族。”[①]不过，考茨基并不认为帝国主义依靠武力对外扩张是解决工农业比例失衡的唯一方法。考茨基认为，问题还可以通过强大国家之间的联合，通过协议共同瓜分世界的办法来解决。考茨基将这种联合称作是“超帝国主义”。

考茨基备受激进马克思主义者批评的著作就是《帝国主义》。由于考茨基认为帝国主义不是无产阶级革命的前夜，也不认为国家只是因为资产阶级而存在，资本主义国家因帝国主义阶段的到来也到了灭亡的前夜。所以，他和他领导的德国社会民主党加入到了保卫自己祖国的行列中。而列宁主义者认为，资本主义和资本主义国家在进入垄断资本主义阶段以后，就发展到了它灭亡的前夜了，各国的无产阶级都应该放弃对自己国家的维护，加入到捍卫苏维埃的行列中。

1918 年考茨基出版了《无产阶级专政》，这本著作是针对列宁的《国家与革命》而写的，主要论述了列宁主义极端危险的思想及其将会产生的可怕后果。列宁于 1918 年 10 月发表了《无产阶级革命与叛徒考茨基》一文，对这本著作的内容进行了激烈的批判。为了表明第二国际对俄国布尔什维克所作所为的态度，考茨基于 1919 年 6 月发表了《恐怖主义和共产主义》，这篇

① [德]考茨基：《帝国主义》，北京，三联书店，1964 年版，第 2 页。

长文实际上是《无产阶级专政》一书的续篇。

在这两篇文献中，考茨基认为：

维护人权，弘扬人道主义，是马克思主义的出发点和贯穿始终的基本精神；马克思所追求的共产主义社会，是一个以每个人的全面而自由的发展为基本原则的社会形式；正统的马克思主义历来是反对恐怖主义的，而布尔什维克正是犯下了残酷、恐怖的罪行；只是一味诉诸暴力的雅各宾恐怖主义，才和布尔什维克有着某种继承关系；在法国大革命以后，所有革命都摒弃了恐怖主义，这表明19世纪人道主义已经成为世界潮流，但是进入20世纪以后，布尔什维克却违反了这一潮流，这是历史的倒退。

世界正沉沦于经济破产和自相残杀之中；布尔什维克迷信暴力，把单纯的权力看作是世界上决定一切的因素，无产阶级中最缺少修养的分子被放到运动的最前列；布尔什维克不懂得什么是社会化政策，不明白消灭剥削不能靠简单地剥夺资产者的资产来完成，只能在社会经济按其自身规律的充分发展中来实现；它们发动农民没收地主土地，征用富农粮食，走的是劫富济贫的侠盗式道路，而听任群众自由行动的结果，是把剥夺的过程从剥夺生产资料扩展到了剥夺消费资料，实际上完全是一次政府组织的、遍及城乡的公开抢劫；所谓苏维埃，只不过是独裁和专制的一种组织形式，苏维埃制度表现出来的革命黩武性质，使俄国成了兵营社会主义；枪毙——是苏维埃政府的全部智慧；在"反革命"这个名词下，把所有不顺从他们的人，和他们看不顺眼的人都包括进去，加以枪毙或监禁；苏维埃政权面临经济破产施行的强迫劳动政策，不仅把原有的资产者都变成了新的奴隶阶级，而且把全国变成了一座大监狱；布尔什维克一开始就决心摧毁现成的国家机器，以及它的一切军事和官僚机构，以建立他们的共产主义，最后终于发现自己不得不重新建立原来同样的机构；他们成了把一切控制权都抓在自己手里的新官僚阶级；对于无产阶级来说，这个新官僚阶级是比旧的统治者更加暴虐和更加有害的；它的暴虐和迅速泛滥的贪污腐化，正在使他们成为自己的掘墓人。

德国十一月革命胜利后，考茨基担任临时政府外交部副部长。1921年2月，原第二国际内的中派在维也纳成立了"社会党国际工人联合会"，即"第二半国际"，与共产国际分庭抗礼。1927年考茨基出版了《唯物主义历史观》，在阶级、阶级斗争、国家、无产阶级革命和无产阶级专政等问题上全面修正了马克思主义。1933年希特勒上台后考茨基迁居维也纳。1938年病死在阿姆斯特丹。

考茨基的思想系统地表述在《唯物主义历史观》(1927)中。正统的马克思主义者通常认为考茨基对马克思主义理论的主要贡献体现在他的《土地问题》(1899 年)一书中,列宁称该书为马克思《资本论》第三卷出版以来最杰出的著作。在恩格斯去世后,考茨基编辑出版了马克思的《资本论》第四卷,即《剩余价值理论》。

爱德华·伯恩斯坦与《社会主义的前提和社会民主党的任务》(1899)

伯恩斯坦(1850—1932)出生于德国的一个犹太家庭,是德国社会民主党的著名理论家,德国社会主义的领袖人物。伯恩斯坦 16 岁时开始当学徒,20 岁后曾在一家银行当职员。1872 年,伯恩斯坦加入德国社会民主党。加入德国社会民主党后,伯恩斯坦开始信仰社会主义。此时的社会主义阵营内存在着拉萨尔主义和马克思主义两个主要流派,伯恩斯坦的思想倾向于拉萨尔主义。拉萨尔主义与马克思主义的分歧主要在于:第一,拉萨尔主义反对暴力革命和任何的“专政”,主张改良国家政治,通过普遍的直接的选举让工人阶级参与国家政治,实现全社会的权利平等;第二,拉萨尔主义不认为资本主义社会的不平等是由于雇佣劳动制度,而认为是由于分配的方式。

1878 年 10 月,德国俾斯麦政府发布《镇压社会民主党企图危害治安的法令》,严厉禁止社会民主党人的活动,大批逮捕和流放社会主义者,伯恩斯坦被迫流亡瑞士,并开始担任德国社会民主党政论家赫希伯格的私人秘书，1881年开始在瑞士苏黎世担任德国社会民主党的机关报《社会民主党人报》主编。

伯恩斯坦在瑞士与赫希伯格和施拉姆组成“苏黎世三人团”，并于1879年发表了《德国社会主义运动的回顾》一文，对德国社会民主党过去的所有活动进行了深刻的反思和总结，批评了社会民主党片面地搞工人运动，宣扬暴力和流血的革命的错误，认为社会主义不应成为产业工人片面地争取自身利益的斗争，而应该成为一场不仅号召工人参加，而且号召一切诚实的民主派参加的运动。这场运动应该由独立的科学代表人物和一切富有真正仁爱精神的人来领导，社会主义要走合法的即改良的道路。

1888年在德国俾斯麦政府的要求下，被逐出瑞士，移居英国伦敦，继续办报。那时的英国经济与德国相比要发达得多，生产技术和工具远比德国先进，特别是第二次产业革命给英国社会的各个方面带来了空前的发展，工人的收入水平、生活条件和劳动条件都得到了很大的提高和改善。而经过自由竞争阶段后的英国企业出现了“大合并”，垄断性质的卡特尔、托拉斯也开始出现，这一方面有效地降低了商品生产的社会成本，另一方面也使商品生产的社会化程度得到了空前的提高，有了避免盲目生产的可能，从而能更加有效地抵御或防范经济危机的发生。尽管资本家产业的集中趋势在某些行业内表现得很显著，但资本的高度集中并没有成为一种普遍现象，并且垄断资本的所有权正在变得更加分散。与英国的自由贸易政策相比，伯恩斯坦认为德国实行的贸易保护主义政策是为特定政治集团的利益服务的，它将德国与世界隔离（尤其是英国），造成了一种让德国与世界产生矛盾的“自给自足”的糟糕局面。伯恩斯坦在英国亲眼目睹了德国尚未出现而英国已经出现的这一切景象，逐步认为马克思主义具有片面性和极端性，开始扬弃马克思主义。

1890 年德国的俾斯麦政权垮台，同年 2 月，德国社会民主党在德国的议会选举中取得巨大胜利，这就极大地鼓舞了社会民主党中非马克思主义者走和平的社会主义运动的信心。同年 4 月，伯恩斯坦在其主编的《社会民主党人报》上发表了以《礁石》为总标题的三篇短文来说明此次议会选举胜利的重大意义，明确提出了“走向完全政治自由的道路是通过议会制度，而不是绕过议会制度”的主张。认为社会主义是可以通过资本主义实现的，而不是必须通过消灭现在的资本主义去实现。在德国，可以通过民主的、合法的选举，实现政府的更替，从而推动德国的社会主义变革。

此后，伯恩斯坦的思想日趋成熟。他在吸收和借鉴以往一切要求对马克思主义进行“修正”的如拉萨尔、杜林等人和费边主义、工联主义等社会主义派别的思想的基础上，形成了自己系统的社会主义思想。1895 年恩格斯逝世后，伯恩斯坦于 1896 年 10 月—1898 年 6 月期间在考茨基主编的《新时代》杂志上以“社会主义问题”为总标题，发表了一系列批评和修正马克思主义的文章，共包括六篇文章：《空想主义和折中主义》、《英国农业状况的发展》、《空间和数字在社会政策上的意义》、《区域理论和集体主义的界线》、《德国工业发展的现状》和《英国的政策和经济利益》，试图按照资本主义和社会主义运动的发展系统地修正马克思主义理论。

他在这些文章中指出，在新旧世纪交替的时刻，世界各国尤其是欧洲发达资本主义国家的社会、经济状况都已经发生了根本性的变化，马克思主义已经不适于指导世界的变革，必须重新认识资本主义社会和社会主义问题。1899 年 2 月，伯恩斯坦对马克思主义做出了全面系统的“修正”，并整理成书出版，这就是著名的《社会主义的前提和社会民主党的任务》（英译本为《进化的社会主义》）。

伯恩斯坦在这部书中强调了“民主”对于社会主义所具有的关键意义，认为民主这一概念包含着一个法权观念，即社会的一切成员权利平等；民主即是争取社会主义的手段，也是实现社会主义的形式，没有民主就没有社会主义；社会主义只是资本主义社会向全面民主发展的一个渐长渐进的运动过程。针对马克思主义将阶级斗争视为社会发展动力的观点，他认为对立面的斗争并不是一切社会发展的动力，相似的力量的合作也是社会发展的一个巨大推动力，并进一步提出了阶级合作的观点。他认为，资本主义社会和以往的一切社会制度不同，不像它们要靠暴力来摧毁才能建成一个新的社会制度，它自身具有一种自我更新、自我纠正错误的能力。只要社会民主党人通过积极地组织和行动来继续发展它，就可以逐步实现社会主义。社会主义并不是一种具体的社会模式，只是一种社会进程，社会主义也并没有一个最终阶段，它总是在不断进步。他不同意马克思主义的国家学说，认为国家并非只能成为阶级压迫的工具，而是可以成为超越阶级的全社会的共同事务的委员会。

《社会主义的前提和社会民主党的任务》出版后，伯恩斯坦的观点在社会民主党内经过多年的激烈辩论，到第一次世界大战以后得到了几乎完全的贯彻。这部著作很快成为几乎全欧洲的民主社会主义政党、流派的共同纲领，伯恩斯坦也因此赢得了民主社会主义鼻祖的称誉。《社会主义的前提和社会民主党的任务》一书的出版和广泛为欧洲社会民主党人接受，标志着欧洲的社会主义运动基本摆脱了马克思主义的影响和束缚，独立发展成为了系统的民主社会主义学说，并最终使民主社会主义与马克思主义的社会主义分道扬镳。至1928年,欧洲有11个国家的社会民主党进入了资产阶级内阁政府,并通过推动一系列法律的颁布实施来促使资本主义社会逐步向社会主义社会的过渡。

1901年伯恩斯坦返回柏林,出版了自己主编的《社会主义文献》(1901—1905)。1902—1928年期间,伯恩斯坦三次当选为国会议员。

◆ 作为世界观的自由主义是社会主义的基础。

◆ 社会化有种种途径。它可以采取这样的办法:将某些企业或工业群直接接受,使它们成为邦营企业也好,地方公营企业也好,国营企业也好。但是它也可以这样进行,即由整体通过法律和法令而愈来愈多地干预企业的经营。

◆ 一部好的工厂法可以比几百个企业和工厂的国有化包含更多的社会主义。

◆ 社会主义是现代资本主义社会中认识了自己阶级地位和阶级任务的工人的社会要求和自然意向的总和。

◆ 社会主义的到来或将要到来,不是一场巨大的政治决战的结果,而是工人阶级在其活动的各个方面所取得的一整批经济和政治胜利的结果。不是工人所受的压迫、贫困和屈辱大大增加的结果,而是他们日趋增长的社会影响和他们所争得的经济、政治、一般社会和道德的相对改进的结果。我认为社会主义社会不是从混乱中产生的，而是由于工人在自由经济领域中的有组织的创造与战斗的民主制在国家、地方自治机构中的创造和成就相结合而产生的。透过反动势力的一切抽搐和一切挣扎，我看到阶级斗争本身采取愈来愈文明的形式，我正是把阶级斗争即工人的政治和经济斗争的这种文明化看成实现社会主义的最好保证。

◆ 民主是你们的社会原则，要信任这一权利的创造力，它将比对现代高度发展的国民经济这个如此敏感的机体的一切可能的粗暴干涉更可靠地引导你们达到社会解放。

◆ 社会主义是指一个巨大的文化运动，这是一个不可阻挡的运动。这一运动集中表现为一个巨大的政党，在工人中间扩大社会启蒙工作，启发对国民经济的需要的理解，启发对那些为了继续推动社会沿着社会进步的轨道前进所必须采取的措施的性质的理解，它正是通过这些而为整体谋福利的。

——爱德华·伯恩斯坦

鲁道夫·希法亭与《金融资本》(1910)

希法亭(1877—1941)，德国社会民主党的领袖之一，奥地利马克思主义学派的经济学家，第二国际的社会主义活动家和理论家。希法亭1877年8月10日出生于维也纳的一个犹太人家庭，父亲是一家保险公司的职员。中学毕业后，希法亭进入维也纳大学学习医学，并于1901年获得博士学位。但他的志趣主要在政治活动和研究经济学方面。希法亭经济学思想的发展大体可以分为第一次世界大战前后两个阶段，在前一个阶段是一个传统的马克思主义者，在后一个阶段，在对资本主义经济所发生的新变化深入研究的基础上提出了“有组织的资本主义”理论，与传统的马克思主义经济学产生了分歧。

希法亭从1899年开始用法文在《社会主义运动》杂志上发表文章。从1902年起，他就经常给考茨基主编的《新时代》杂志写有关经济问题的文章。1902年希法亭加入奥地利社会民主党，后加入德国社会民主党。1906年，他应邀到柏林德国社会民主党党校讲课，但由于普鲁士当局禁止外国人授课，这一约请未能实现，希法亭担任了《前进报》的外国（政治）编辑，他的教授位置由卢森堡接替。

1904年希法亭与麦·阿德勒共同创办了《马克思研究》丛书。他在该丛书第一卷上发表了批判庞巴维克质疑马克思《资本论》的长文——《驳庞巴维克对马克思的批判》。这是马克思主义者最早的一篇驳斥庞巴维克质疑马克思劳动价值论的文章，使希法亭获得了马克思主义经济学家的称号。在这篇文章中他指出，庞巴维克的价值理论，即边际效用理论是一种纯主观主义的价值理论。这种价值理论是从商品的使用价值出发，是一种从物的自然属性出发的价值理论，是从物同个人的关系出发，而不是从人类间的社会关系出发的理论。因此，这种理论必然要犯试图从主观的个人同物的关系推论出客观的社会尺度的错误。个人同物的关系在所有社会条件之下都会同样出现，其中不含任何变化的历史原则，因此这种理论是一种非历史的理论，它完全不能反映社会发展变化的客观规律。

1905 年他开始写作《金融资本，对资本主义最新发展的研究》一书，并在当年就完成了绝大部分，但该书一直到 1910 年才全部完成并出版。这本著作以德国资本主义为背景和素材，研究了资本主义发展的最新阶段。由于这本著作用马克思的政治经济学理论，对马克思以后资本主义经济的新发展做了全面、科学的分析，因而在当时的理论界被当作《资本论》的第四卷而受到欢迎，尤其是受到《剩余价值理论》的编者考茨基的欢迎。希法亭曾经打算改写马克思《资本论》的第二卷和第三卷，来描述价值形态的新变化。

希法亭根据《资本论》的原理，科学地说明了信用产生和发展的原因；把信用正确地区分为流通信用与资本信用，并进而把资本信用区分为流动资本贷款和固定资本贷款。在深入揭示固定资本贷款作用的基础上，说明了银行资本与产业资本融合的必然性与具体途径。希法亭对垄断资本主义条件下的股份公司进行了十分细致的考察，认为股份公司的建立使资本家从企业家的职能中解放出来，并使他们投入企业的资本采取了货币资本的形式。在研究虚拟资本的过程中，提出了“创业利润”概念，即由带来利润的资本向带来利息的资本转化而产生的一种收益，它反映了资本家之间瓜分利润的关系。创业利润的一部分由银行代公司发行股票而获得，另一部分则由企业获得。争取创业利润是银行与企业之间斗争的一项长期性的内容。

希法亭在这本著作中对垄断、垄断组织、金融资本、金融寡头的形成与本质以及对资本主义经济的影响也进行了系统的研究，并取得了一系列很有价值的研究成果。在该书中，他从分析货币、信用入手说明了随着信用的发展所造成的银行作用的增强和银行资本与产业资本联系日益紧密的趋势。说明了在信用广泛发展的基础上发展起来的股份公司，特别是由于银行代股份公司发行股票业务的发展和银行对“创业利润”的追求，进一步造成了银行资本与产业资本的融合。

希法亭还说明了在发生上述变化的同时，产业资本本身也在发生变化。这种变化是由于利润率下降和利润平均化所造成的。希法亭认为，随着资本主义的发展和科学技术的进步，资本的有机构成在不断提高。这样，一方面造成了利润率的下降，而且这种下降一般是不平衡的，探矿、钢铁等原材料工业和交通、动力等基础设施部门的利润率下降得一般较快。另外有机构成的提高还造成了资本转移的困难，从而妨碍了利润的平均化。希法亭指出，这种状况就促使利润率下降最快的那些部门的资本家去寻求提高利润的办法。

建立联合企业便是解决这一问题最便捷、最有效的办法。联合又可以分为纵向联合与横向联合两种。前者为相邻生产部门之间的联合。这种联合虽然并不改变原有的价格水平和利润率，但它却可以使联合后的企业都获得平均利润。而且由于这种联合可以减少流通的中间环节，节省流通费用，因而也能使利润率提高。后一种联合则可以通过联合防止价格下降，甚至可以人为地提高价格和利润率。当然企业的联合并不一定意味着垄断的建立，但联合发展到一定程度，当它控制了商品的生产和销售时，垄断也就形成了。

在垄断产业资本形成的基础上，银行资本也在集中，并最终完全同产业资本融合在一起，形成了金融资本。希法亭认为，产业资本的一个日益增长的部分不再属于使用它的产业资本家。产业资本家只有通过同他们相对立的代表所有者的银行才能获得对资本的支配权。另一方面，银行不得不把它们资本的一个不断增大的部分固定在产业资本中。因此，银行在越来越大的程度上变为产业资本家。希法亭把银行资本，即通过这种途径实际上转化为产业资本的货币形式的资本称为金融资本。金融资本的形成及它取代产业资本在资本主义经济体系中的中心地位，使资本主义进入了一个与从前不同的新的发展阶段。金融资本完全控制了政府，形成了金融寡头与资产阶级政府首脑的个人联合，把资产阶级的国家政权完全变成了金融寡头对外扩张、对内实行专制的工具。[①] 希法亭的《金融资本》为马克思主义的帝国主义理论奠定了经济学的理论基础。

第一次世界大战爆发后，希法亭被征召入伍当了军医。1918—1922 年任德国独立社会民主党的机关刊物《自由报》的主编。1920 年，在获得普鲁士的公民身份以后，他就在“国家经济委员会”任职，并在 1924—1933 年任国会议员。1922 年，德国独立社会民主党与德国社会民主党合并后成为党的领袖。1924 年后，长期担任该党机关刊物《社会》的主要撰稿人。1923—1929 年，曾任德国政府的社会化委员会委员、施特雷泽曼内阁的财政部长(1923)、米勒内阁的财政部长(1928—1929)等职。

1927 年希法亭在德国社会民主党基尔代表大会上做了题为《社会民主党在共和国中的任务》的报告，提出了“有组织资本主

① [德]希法亭：《金融资本》，商务印书馆，1994 年版。

义”的理论。他认为在目前这样一个资本主义阶段中，资本主义纯粹由盲目的市场规律所统治的自由竞争时代基本上被克服了，资本主义进入了一个有组织的阶段，就是从各种力量的自由比赛的经济达到了有组织的经济。有组织的资本主义实际上意味着在原则上用有计划生产的社会主义原则来代替自由竞争的资本主义原则。他认为“有组织的资本主义”有如下四个特征：合成化学的应用使帝国主义国家减轻了对原料产地的依赖和争夺；新兴的工业一开始就是按有组织的方式，甚至是在国际范围内组织起来的方式建立的；金融资本力图把资本主义在国际范围内联合起来；自由竞争逐渐被对社会的有计划的管理所代替。他认为党在这样一个阶段的任务是把这个由资本家组织和领导的经济转变成一个由民主国家领导的经济，其道路就是作为“社会主义先声”的社会改革。

希法亭反对布尔什维克式的武装斗争，认为暴力革命会给国家带来混乱，给无产阶级带来灾难和巨大的损失。由于在希特勒夺取权力时，希法亭曾激烈反对，所以，当 1933 年希特勒上台后，他就不得不流亡国外，并于 1938 年迁至巴黎。希法亭从 1933 年 7 月开始在苏黎世发行《社会主义杂志》，还在捷克参加了流亡的社会党的活动。在此期间，他以理查·凯伦的笔名继续在《社会主义杂志》、《斗争》和新的《前进报》上发表了一系列文章。

1940年，当法国在德国的进攻下败退时，他也跟着撤到了法国南部。由于他的捷克护照未经签证，他又不愿非法越过边界，就留在了法国，并被指定居留在阿尔列斯。他在一家旅馆里比较安静地住了一些时候，还经常到市里的图书馆去看书，并写下了《历史问题》一书，探讨了暴力在历史上的作用。此书在他死后出版。由于德国当局的再三要求，维希政府援用停战协定第19条，于1941年2月把希法亭引渡给了德国秘密警察，希法亭同年死于德国的拉桑德监狱中。

罗莎·卢森堡与《资本积累论》(1913)

卢森堡(1871—1919)，国际共产主义运动著名的活动家和理论家，波兰和德国社会民主党左派的领导人之一，马克思主义经济学家。1871年卢森堡出生于俄国占领下的波兰的一个富有的犹太木材商人家庭，在中学毕业后投身波兰的革命事业，18岁时因遭到俄国政府的通缉而侨居瑞士。1891年进入瑞士的苏黎世大学学习政治经济学，她的毕业论文是《波兰工业的发展》，并以此文申请到了博士学位。在返回祖国无望的情况下，1898年她通过与一个德国青年"假结婚"的方式于1903年顺利地加入了德国国籍。她曾在德国社会民主党举办的党校讲授政治经济学，她的《国民经济学入门》和《资本积累论》这两部著作就是在这一时期的讲稿的基础上完成的。在德国社会民主党分裂以后，1919 年 1 月 1 日卢森堡和李卜可内西一起被推选为新成立的德国共产党的领导人。德国共产党随后领导了柏林工人武装起义，思想激进和意志坚定的卢森堡被称为“嗜血的‘红色罗莎’”。1919 年 1 月 15 日卢森堡被逮捕并处决。

按照卢森堡原先的写作计划，我们今天看到的《资本积累论》其实是《国民经济学入门》的下册，在卢森堡按照写作计划完成了上册的写作任务以后，在写作下册的过程中，背离了当初的写作计划，将下册写成了一个专门论述资本积累和帝国主义问题的专著，其著作名称也就变成了《资本积累论》。

《国民经济学入门》是一个由六章内容构成的体系。第一章阐述了马克思主义政治经济学的研究对象；第二、三章考察了原始社会经济关系的形成、发展和崩溃的过程及其特征；第四章分析了商品生产的产生和发展过程，以及作为资本主义发达的商品生产的特征；第五章阐述了劳动力商品和它的价格问题，以及资本主义的剥削形式、剩余价值的生产、劳动后备军、工资规律等问题；第六章讨论了资本主义经济的各种倾向，实际上所涉及的问题只有一个，即资本主义生存的极限问题。从上述体系来看，前三章大致相当于广义政治经济学的前资本主义部分，但不够完全，有关奴隶制和封建制生产方式的论述显得比较薄弱，后两章已开始了资本主义部分的理论叙述。卢森堡在《国民经济学入门》这部著作中表现出了很高的写作技巧，对马克思的经济理论成功地进行了通俗化的重构，很多抽象的范畴在她的笔下或者是变得十分生动、通俗易懂，或者是论述得异常精湛和严密。

卢森堡对帝国主义问题的系统阐述是从社会资本再生产问题上引出的，她在《资本积累论》一书中提出，资本主义生产方式是受利润动机支配的；生产只有在能给资本家带来"纯收益"时才有意义。资本家不仅要得到利润，而且还要得到不断增长的利润，为了实现这一目的，他们总是尽可能地进行资本积累，扩大生产规模。但是，要做到这一点仅靠资本主义生产方式自身难以做到。因为，就整个社会而言，用于积累的那部分剩余产品，不能由资本家之间的交换实现，更不能在工人和资本家之间的交换过程中实现，它必须在资本家和工人之外的"第三者"的交换中实现。正是从这样的观点出发，卢森堡认为，马克思关于社会总资本扩大再生产理论是没有完成的；她认为一个非资本主义经济成分的存在，正是解决扩大再生产的关键，也是揭示帝国主义本质及其经济根源的关键。她给帝国主义下的定义是："帝国主义仍是一个政治术语，它用以表达在争夺尚未被侵占的非资本主义世界环境的残余的竞争中所进行的资本积累过程。”[1]不仅如此，她还提出了帝国主义的历史必然性问题，认为帝国主义是资本主义在一定发展阶段上不可避免的、无法摆脱的、必然具有的“内在”现象。在帝国主义时期，资本主义体系的主要矛盾是“资本主义世界经济的国际性和资产阶级国家的民族性之间的矛盾”。[2]

卢森堡对伯恩斯坦的修正主义的激烈反对和对马克思主义的坚决捍卫使她在欧洲赢得了广泛的声誉，她是德国社会民主党中最早站出来批判伯恩斯坦的理论家。卢森堡的思想集中体现在她于1898年6月至1899年4月间写的著作《社会改良还是社会革命》一书中，这本著作就是针对伯恩斯坦的《社会主义的前提和社会民主党的任务》而写的。卢森堡在书中指出，工人运动的确要通过议会活动和工会为实现资本主义社会的改良而进行斗争，但这些改良不足以废除资本主义的生产关系，因此工人运动不能忘记通过革命来实现社会主义制度。从根本上说，修正主义不以实现社会主义制度为目的，只以改良资本主义制度为目的，不是要消灭雇佣劳动制度，而是争取剥削得多些或者少些，总之，它是为了清除资本主义的赘疣，而不是为了消除资本主义本身。

---

① [波]卢森堡:《资本积累论》，三联书店，1959年版，第359页。
② 同上。

1904年2—5月间，列宁写了《进一步，退两步(我们党内的危机)》一文，全面系统地阐明了俄国社会民主党“民主集中制”的组织原则。卢森堡看到列宁的这篇文章之后，写了《俄国社会民主党的组织问题》一文，于1904年先后刊登在俄国社会民主工党的《火星报》和德国社会民主党的《新时代》杂志上。卢森堡并不反对俄国社会民主党实行集中制，在沙俄的专制统治下，一个战斗的工人政党，如果没有纪律和集中制，就不会有战斗力，她与列宁的主要分歧是在党内如何实行集中。卢森堡认为列宁所主张的“集中制”是“极端的集中制”和“无情的集中制”，把实行严格的纪律等同为中央机关对党的地方组织的各个方面实行直接的、决定性的和固定的干预，这样，党的其他一切组织就成为了党中央的执行工具而已。党的纪律绝不意味着几十万有组织的党员要无条件地、机械地和盲目地服从一个由几个人组成的中央机构的意志与决定，而是相反，党的所有中央机构要执行几十万有组织的社会民主党人的意志，中央机关的少数人不能代替全党来进行集中。

列宁认为，知识分子生来就喜欢自治制和组织涣散状态，害怕党的生活中的严格“纪律”和任何“官僚主义”。而卢森堡认为，极力强调无产阶级具有接受社会民主党组织的天赋能力而知识分子却是怀疑社会民主党运动的，这种说法本身就毫无马克思主义革命家的气味，恰恰从列宁害怕知识分子对无产阶级运动产生危险的影响这一角度来看，列宁的组织观念就是对俄国社会民主党最大的危险。卢森堡认为无产阶级要培养的是一种新的纪律，即社会民主党的自愿的自觉纪律，无产阶级不能受资本主义国家为他们培养起来的纪律的束缚，也不能简单地使指挥棒从资产阶级手中转到社会民主党中央委员会手中，而只能打破和铲除这种奴役性的纪律精神。

卢森堡从不信任那种绝大多数人在其中没有位置也没有声音的所谓的革命的"胜利"，不主张那种不择手段、不惜代价夺取权力的行为，以致她"担心革命受到扭曲更甚于担心革命的失败"。在《论俄国革命》这部未完成的手稿中，卢森堡直接把社会主义民主等同于无产阶级专政，激烈地抨击了俄国布尔什维克党把专政和民主对立起来、强化专政取消民主的做法。她始终认为，社会主义社会的本质在于大多数劳动群众不再是被统治的群众，而是自己的全部政治生活和经济生活的主人，在有意识的、自由的自决中主宰着这全部的生活。

卢森堡写到，列宁和托洛茨基用苏维埃代替了根据普选产生的代议机构，认为苏维埃是劳动群众唯一真正的代表。但是随着政治生活在全国受到压制，苏维埃的生活也一定会日益陷于瘫痪。没有普选，没有不受限制的出版和集会自由，没有自由的意见交锋,任何公共机构的生命就要逐渐灭绝,就成为没有灵魂的生活,只有官僚仍是其中唯一的活动因素。公共生活逐渐消亡,被几十个具有无穷无尽的精力和无边无际的理想主义的党的领导人指挥着、统治着,在他们中间实际上是十几个杰出人物在领导,还有一批工人的精英不时被召集来开会,聆听领袖的演说并为之鼓掌,一致同意提出来的决议,由此可见,这根本是一种派系统治——这固然是一种专政,但不是无产阶级专政,而是一小撮政治家的专政。无产阶级专政在于运用民主的方式,而不是在于取消民主,无产阶级专政不是一个党或一个小集团的专政,这一专政必须是阶级的事业,而不是极少数领导人以阶级的名义实行的事业。这就是说,它必须依靠群众的积极参与,处于群众的直接影响下,接受全体公众的监督。

只给政府的拥护者以自由,只给一个党的党员(哪怕党员的数目很多)以自由,这不是自由,自由始终是持不同思想者的自由。如果自由受到限制,国家的公共生活就必然是枯燥的、贫乏的、公式化的和没有成效的,这正是因为它通过取消民主而堵塞了一切精神财富和社会进步的源泉。这是一条极其强大的客观规律,任何党派都摆脱不了它。

卢森堡认为,俄国革命的经验不应该被简单化地向其他国家输送。她认为俄国革命是工人阶级专政的第一次历史性试验，而且这试验是在想象得到的最困难的条件下进行的，如果认为在如此不正常的条件下进行的一次工人专政的试验中，俄国所做的一切正好就是完善的顶峰，这确实是一种荒谬的设想，如果把它当社会主义的样板推荐给国际（无产阶级），要他们加以模仿，从这时起危险就开始了。

在卢森堡看来，真正意义上的“革命”不是任何组织或个人能够“制造”出来的，革命不是根据哪一个政党的决议产生的，而是在一定的历史条件下“自动地”爆发的。不是组织先于行动，而是行动先于组织，而“行动的迫切压力”总是来自于社会下层。

在革命与暴力的关系上，卢森堡认为革命，并非出于革命者对暴力行动或革命浪漫主义的偏爱，而是出于严酷的历史必然性。暴力是革命的最后手段，暴力革命是一件难以使用的“双刃剑”，但无条件地否定暴力，把议会政治和宪政政治看作是被压迫阶级争取自身解放的唯一出路是空想的和反对的，正如把暴力等同于革命一样，把暴力等同于唯一的出路一样。

第四节　主流经济学镜片下的马克思的经济学理论遗产

马克思认为所有的价值都是劳动的产物，劳动是价值的唯一决定因素。这样，资本家和土地的所有者所获得的利润和地租就自然或必然是剩余价值了，工资应当包含全部的生产收益。在计划经济条件下，国家作为无产阶级的代表可以占有这些剩余价值，然后以提供公共产品的方式进行再分配。

马克思的劳动价值理论在一些主流经济学家看来是有缺陷的。萨伊的价值理论就认为商品和服务的价值最终是由效用决定的，价值是人的一种主观判断，如果一个人不需要一件商品或服务，不论这件商品耗费了多少劳动，它都不具备价值。“珍珠并不是因为人们为了它潜水才具有价值的，相反，人们是因为它有价值才去潜水捞它的”，“一件外衣比一顶帽子贵七倍，并不是因为制造外衣要多花七倍的时间，而是因为衣服比帽子有价值七倍，所以社会才愿意多花七倍的时间去做外衣”[①]，否则的话花再多的时间也没有用。也就是说价值是基于效用的，而不是基于劳动的时间。对于那些很少或基本不用劳动生产、但价值持续上升的商品，如土地、古董、邮票或艺术品，劳动价值理论也无法解释。

此外，一些主流经济学家认为马克思似乎没有认识到资本家与企业家的知识和工作的价值，不承认企业家和资本家的贡献，事实上他们承担了风险，提供了必要的资本和运营一家企业

① 马克·斯考森:《现代经济学历程》，马春文译，长春出版社，2006年1月，第157页。

所需要的管理技能。

马克思还一直将资本主义和大企业描述为“帝国主义”的，认为它们不断地剥削外国的工人，掠夺外国的资源，这个理论后来被列宁进一步加以了丰富和发展。20世纪许多发展中国家反美、反对外来投资，特别是反西方发达市场经济国家的态度似乎都来源于马克思的这种理论，至少是以马克思主义的名义。一些经济学家认为，这种反资本主义、反对自由市场经济的态度极具破坏性，是最终导致亚洲、非洲和拉丁美洲许多地区发展缓慢、负增长或高成本增长的重要原因。

主流经济学理论认为，节约时间的机器设备并没有让工人失业和降低工资，因为先进设备的使用不仅使工人们能够更有效率地完成他们的工作，而且使他们能够更轻松地完成他们的工作，而多余的工人能够从事其他的生产性活动，来满足人类新的需求。技术进步在某些行业减少工人、创造失业的同时，在其他的行业又创造出更多的就业。只有一种方式能够持续地、永久地提高工资率，那就是技术进步和资本的积累。

所以，工人阶级并没有陷入越来越深的苦难，资本主义国家中工人阶级的工资水平不断上升并明显高于生存水平，工人阶级的贫困化再也没有发生过。工业国家中的中产阶级不但没有消失，反而扩大了。中产阶级有能力将大量的时间花费在体育、旅游、艺术等休闲活动上，这些活动对社会很有好处。在美国，反映人力资本报酬的劳动性收入占据了80%的国民收入，包括工资所得(71%)和私人小业主的个人收入(9%)两部分，剩下的20%以租金、利息和利润的方式留给了资本家，反映了对物质资本的报酬，而且这个比例自1900年以来就十分稳定。从这个角度看美国的资本主义有点名不副实，更像是"劳动主义"制度。

马克思谴责贪婪，但实际上依靠契约和法律运行的资本主义社会或商业社会反而会抑制贪婪和欺诈。马克思还主张废除传统的家庭，进而消灭父母对子女的剥削。马克思主张通过教育来"消灭人类最神圣的关系"，如父子关系，用"社会教育来代替家庭教育"。对于宗教，马克思主张废除宗教，因为宗教是人类的精神鸦片。

苏联经济学家康德拉耶夫在1926年的一篇论文中提出了"长波经济周期理论"，认为在资本主义国家的价格和产量变化中存在一个长达50—60年的周期，资本主义经济在萧条以后总会或迟或早地出现强有力的复苏，没有发现任何关于资本主义将不可挽救地走向崩溃的证据，与马克思关于资本主义的危机越来越频繁、越来越深重，资本主义将不可避免地灭亡的预测产生了矛盾。现在资本主义世界距最后一次大萧条已经77年了，尽管2008年西方世界爆发了"华尔街金融危机"，关于资本主义经济周期是否存在的争论一直没有停息过，关于经济周期的长度和经济周期阶段的争论就更多了。

今天，马克思主义所面临的一个重要问题是经济阶级的瓦解。在当今的资本主义国家中，工人和资本家、工人阶级和资产阶级之间不再存在一个清晰的界限，仅靠工资生活的工人越来越少，工人常常通过利润分享、养老金计划或拥有他们受雇企业的股票而成为企业的共同所有者。还有许多人是自我雇佣的。今天，超过一半的美国家庭拥有了公开上市公司的股票。华尔街创造出了一大批工人资本家，这大大减轻了资本主义国家中劳动力市场中的革命热情。此外在当今发达国家，小企业并没有消失，产业的集中度并没有无休止地提高，垄断也没有统治一切，技术因素限制了企业的规模，设定了企业的边界。

马克思主张完全消灭生产资料的私有制，认为生产资料的私有制是社会冲突和阶级斗争的源泉。而消灭了生产资料的私有制，交换就没有存在的必要了，没有交换，货币也没有存在的必要了。没有了交换和货币，生产和消费就只能够在中央计划的安排下进行了。马克思认为在中央计划的安排下，生产和消费能够更加地繁荣，经济活动会更加的平稳或者失去了波动的基础，收入分配上的不公平、失业、通货膨胀和剥削就会自然消失。

马克思认为，天堂可以在人间实现，那就是共产主义社会。消灭私有制，实行无产阶级专政，实行公有制，实行计划经济，就是最终实现共产主义的必然阶梯。

主流经济学家家普遍认为，作为一名预言者，马克思的运气似乎也不大好。在资本主义的世界里，虽然有越来越多的资本积累，资本的有机构成在不断提高，但企业的利润率并没有持续地下降。马克思认为资本密集型的产业比起劳动密集型的产业更加无利可图，但事实上在长期，所有产业的利润率由于资本流动的原因是非常接近的。

马克思认为社会分工是对人的一种束缚，在共产主义社会里，人民可以按照自己的兴趣来工作，实现真正的自由。一个人如果他愿意，他可以上午是一个渔夫，下午是一个工程师，第二天又成为一名政治家。其实，不是分工束缚了人类，而是不完善的劳动力市场和劳动者之间的竞争使人们不能完全按照自己的兴趣选择工作。你也许喜欢做某一种工作，但你和别人相比做得不够好。即使在遥远的未来，我们也需要分工，因为我们需要效率，否则社会就会发生倒退。

凯恩斯虽然也认为资本主义经济是不稳定的，需要政府干预，但这是凯恩斯的最大极限了，凯恩斯根本不打算废除市场。凯恩斯认为，马克思主义者的社会主义实验是对人类智慧的一种侮辱。凯恩斯在1925年参观过苏联以后，就写文章认为苏联的制度是“不择手段的”、“残酷无情的”、“与人性格格不入的”，完全没有“我看到了未来”的乐观。

凯恩斯认为，这种制度“认为河底的淤泥比河里的鱼虾更可取，他们把粗鄙的无产阶级捧到了资产阶级和知识分子之上，事实上，不论资产阶级和知识分子有什么样的缺点，人类社会一切进步的种子都要依靠他们来传播的”。凯恩斯认为，马克思的《资本论》不但在科学上是错误的，而且与现代社会已经没有什么关系或完全不适应了。[①] 凯恩斯的《就业、利率和货币通论》批判了马克思的《资本论》，马克思主义者则指责凯恩斯根本没有读懂马克思，所以最终逃脱不了失败的命运。

马克思主义经济学没有能够在西方经济学界占据很大的位置，在西方只有少数几位校园马克思主义者被学术界知晓，如剑桥的莫里斯·多布，斯坦福的保罗·巴兰，哈佛的保罗·斯威齐。保罗·斯威齐似乎是唯一一位从西方主流经济学转向马克思主义经济学的经济学家，作为哈佛大学的一位讲师，他竭尽全力地建立马克思主义经济学在西方大学校园中的声望。1942年保罗·斯威齐离开校园加入了中央情报局的前身“战略服务

① 马克·斯考森：《现代经济学历程》，马春文译，长春出版社，2006年1月，第154页。

局”。在战后，保罗·斯威齐申请哈佛大学的终身教职，尽管有熊彼特的大力支持，但还是遭到了拒绝。

在西方，激进经济学家的活动在上世纪60年代越南战争期间的抗议岁月里和70年代的经济危机中走向了全盛。1968年，激进经济学家们还在密歇根大学成立了“激进政治经济学家联盟”(URPE)来对资本主义体制及所有形式的剥削与压迫展开批判，同时帮助制定一种进步的社会政策，创立一种社会主义的替代体制。

随着苏联和传统的社会主义经济体制的解体，马克思主义经济学的魅力似乎至少是暂时性地消失了，相比较而言，马克思主义在政治学、社会学和文学理论方面似乎拥有更深刻的影响。

第4章　现代经济学的早期发展

【英】约翰·梅约德·凯恩斯

(1883—1946)

- ■ 奥地利学派和洛桑学派
- ■ 作为现代经济学研究中心的英国
- ■ 现代经济学在美国的生根与繁荣
- ■ “经济学界”的异端:凡勃伦和加尔布雷斯
- ■ 现代经济学发展在欧洲大陆的辉煌顶点
- ■ 一个经济学发展的新时代开启了

如果一个人想要快速的丰收,他就必须种胡萝卜,如果一个人想要种桉树,那么,他必然已经告诉自己:我的子孙们将会因这片树荫而感谢我。

——[意]帕累托

要想成为一名优秀的经济学家,只需要阅读马歇尔的《经济学原理》和一份好报纸的经济版就可以。

——[英]凯恩斯

对于自由市场经济体系,亚当·斯密看到的是规则、理性的自利、和谐、繁荣、自由与进步,而凡勃伦只看到了冲突、混乱、贪婪、残酷和浪费。凡勃伦忙于从资本主义的发展对人们生活与文化所造成的影响方面对资本主义展开全面、琐碎、杂乱无章和相互矛盾的批判,但他始终没有建立起一个完整、严谨、单一和逻辑一致的理论模型。

总的来说,与马克思这样的思想家相比,凡勃伦这个生活上和思想界中的“另类”在世时就已经拥有了来自经济学界以外的太多的宽容、关注、欣赏、赞美与保护。这种欣赏来自于对“批判精神”、“不理解”和“不一致”的保护，而不是出于对他思想的认同与共鸣。

加尔布雷斯并不是一个严格意义上的理论经济学家，他不使用经济学理论进行思考，也不运用理论模型说明自己的思想，也不按照所谓“科学的”研究规范进行研究，而是熟练地运用反讽、挖苦、嘲弄等技巧来表达思想。他更多地是在“写作”而不是在“研究”，他的著作一般被看作是“畅销书”而不是严肃的经济学学术著作。

如果我们把亚当·斯密算作是苏格兰人的话，凯恩斯就可以被看作是英国历史上最著名的经济学家了。

随着一个伟大的剑桥经济学家的逝世，另一个伟大的(美国)剑桥经济学家——萨缪尔森崛起了。借助于数学工具在经济学研究中的系统运用，萨缪尔森成为第一个以科学家身份出现的经济学家，是他将“文字的经济学”变为“数学的经济学”。

第一节　奥地利学派和洛桑学派

边际革命

“边际革命”挽救了陷入委靡的经济学，经济学的发展又重新进入到一个令人振奋的、生机勃勃的时代。

19 世纪 70 年代，英语、法语、德语国家的经济学家几乎同时对“边际效用价值论”做了系统的描述，他们是英国的杰文斯(1835—1882)，他于 1871 年出版了《政治经济学理论》一书，奥地利的门格尔(1840—1921)，他于 1871 年出版了《国民经济学原理》一书，法国的瓦尔拉斯(1834—1910)，他于 1874 年和 1877 年分两次出版了他的两卷本著作《纯粹政治经济学纲要》一书。

“边际效用价值论”经门格尔的学术继承者维塞尔和庞巴维克的发展成为了一个完整的理论体系，这个体系被美国的经济学家克拉克(1847—1938)[①]加以运用，发展为“边际生产力论”，这就是经济学学术发展史上所说的“边际革命”，由这场革命所产生的经济理论被称为“现代经济学”。也有学者把“现代经济学”理解为按照自然科学的研究规范进行研究而发展起来的理

① 约翰·贝茨·克拉克(1847—1938)，一般被视为是美国理论经济学的开创者，另一个是美国制度学派的凡勃伦，《财富的分配》(1899)是克拉克最主要的代表作。

论体系。

如果说德国学者戈森在1854年提出的被称为“戈森定律”的“边际效用论思想”是边际学派的思想源泉的话，19世纪下半叶微积分的发展和完善则为“边际革命”的最终爆发从技术上提供了分析工具。

在边际革命中，维也纳学派的主要贡献是倡导并宣传了边际效用价值论，杰文斯和瓦尔拉斯的主要贡献是倡导了经济学研究的数理分析方法。瓦尔拉斯对于经济学最富有创造性的贡献是他考察了市场上全部商品都达到供求平衡的一般均衡状态时的价格决定问题，创立了“一般均衡理论”，并用一个联立方程组的形式表达了这种思想。瓦尔拉斯的继承者帕累托则进一步发展了一般均衡理论。但是，瓦尔拉斯对一般均衡存在性给出的数学证明是不成立的，瓦尔拉斯只是简单地依据方程的数量和未知变量的数量相等就判定方程组有解。由于一般均衡理论的重要性，经济学家和数学家花费了几乎80年的时间去证明它，直到1954年随着数学的发展，阿罗和德布鲁才利用集合论的方法给出了一般经济均衡存在性、唯一性和稳定性的严格数学证明。

边际效用

何为边际效用？它如何决定商品的价值呢？“边际效用理

论”包含了以下几个主要内容:①效用是消费者对物品满足自己欲望能力的主观评价;②物品越稀缺,人们对它的评价就越高,即效用越大;③边际效用指的是人消费的最后一个单位产品为消费者带来的满足,边际效用是消费者衡量商品价值的尺度,所以,物品的价值是人们对物品效用的主观感觉和评价,被看作是物品在满足人们需求上对人们所具有的意义;④随着人们所消费的物品数量的增加,该物品的边际效用会递减。

马歇尔在1890年出版的《经济学原理》中将边际效用论、生产费用理论和供求理论综合为“均衡价格理论”,从此以后,在西方经济学中,“价值”就被“均衡价格”所取代。在均衡价格理论中,他用边际效用来说明商品需求价格,以生产费用说明商品供给价格,再用供给和需求的均衡来说明均衡价格和均衡产量的形成。

第一代现代经济学家:奥地利学派和洛桑学派

英国的杰文斯、奥地利的门格尔和法国的瓦尔拉斯是第一代现代经济学家。

在他们三位经济学家之中,**门格尔**的《国民经济学原理》(1871)对经济学的发展所产生的影响最大,在经济学说史上也是难得能够在生前就在学术上获得巨大成功的一位经济学家。

与门格尔的著作相比，瓦尔拉斯的著作过于难懂，杰文斯的著作则过于格言化。不过，门格尔对经济学的发展所产生的影响主要是通过间接的方式发生的，他的主观效用价值理论和边际分析方法主要是通过他的两个著名学生才得到普遍接受和运用的。

在门格尔的领导下形成了**奥地利学派**，其中包括最后成了第一代现代经济学家代表人物的**弗里德里希·冯·维塞尔**（1851—1926）和**欧根·冯·庞巴维克**（1851—1914），庞巴维克还是第一个挑战马克思经济理论的新古典经济学家。

在该学派中的第二代人中最引人注目的是**路德维希·冯·米塞斯**（1881—1973）和**熊彼特**（1883—1950），二人后来均迁居美国。米塞斯随后又培养了第三代奥地利学派经济学家，包括**哈耶克**（1889—1992）、**奥斯卡·摩根斯坦**（1902—1977）、**弗里茨·马克卢普**（1902—1983）以及**保罗·R.罗丹**和**戈特弗里德·哈伯勒**（1900—1995）等。

英国的经济学家**杰文斯** 1835 年出生于英格兰，1850 年初中毕业以后进入伦敦大学学习自然科学，由于生计问题在 18 岁时接受了悉尼造币厂检验员的职位，并在闲暇时开始研究植物学和气象学。从 1857 年开始，杰文斯对社会问题和经济问题产生了浓厚的兴趣，并因此而放弃在悉尼的终身职位，于 1859 年回到英国并到伦敦大学学习。1862 年毕业以后，先是尝试成为一名记者，1863 年成为了英国曼彻斯特大学的一名普通教师。1865 年杰文斯因《煤炭问题》而出名，在这本著作中，杰文斯表达了一种"马尔萨斯式"的观点，只不过是煤炭取代了食物在马尔萨斯理论中的地位。杰文斯认为，煤炭资源终将并且是即将耗尽，由于煤炭是整个生产系统的主要能源，所以，英国制造业的发展面临着一个无法逾越的天然障碍。1866 年杰文斯被提名为曼彻斯特欧文斯学院的逻辑学、心理学及道德哲学教授。1871 年杰文斯出版了他的代表作《政治经济学理论》，1874 年发表了《科学原则》，这些成就最终使他在 1876 年成为伦敦大学的政治经济学教授。在 1875 年发表的《太阳周期和谷物价格》一文中杰文斯提出了解释经济被动的"太阳黑子说"，给人留下了深刻的印象。1880 年杰文斯决定辞职，以便能够专心从事学术研究。1882 年正在休假中的杰文斯不幸在游泳时溺水而亡。由于杰文斯的性格非常内向，他的学术作品没有能够对他的同辈或学生产生与其学术贡献相匹配的影响，他的学术作品的学术价值是在很多年以后才被重新发现的。

法国经济学家**瓦尔拉斯**(1834—1910)出生于法国的诺曼底，他的父亲是一位经济学家，准确的说是一位数理经济学家。在那个时代，人们还不把经济学看作是一门能够使用数学工具来进行研究的社会科学，所以，老瓦尔拉斯的学术论文得不到发表的机会。瓦尔拉斯曾经回忆道："当时的情况是无知的人是如此的可笑，就像那些折磨哥白尼和伽利略的人一样。"[①]老瓦尔拉斯写了大量的经济学著作，其中包括《财富的本质和价值的起源》(1831)和《社会财富理论或政治经济学基本原理概要》(1849)。

瓦尔拉斯的父亲希望他能够到著名的综合理工大学学习，但由于数学成绩不好而没有被录取，转而进入矿业学校学习。但他很快就放弃了对工程学的学习，开始研究文学，并于1958年发布了一篇小说。瓦尔拉斯的早期生活基本上是不成功的，做过许多临时性的职业，如记者、铁路职员、银行经理和小说家，都没有取得什么成就，不过瓦尔拉斯在业余时间一直研究经济学。1870年，瓦尔拉斯被聘为瑞士洛桑大学的经济学教授，并在那里一直工作了22年。瓦尔拉斯的主要著作为《纯粹政治经济学要义》(1874)。

瓦尔拉斯以建立了第一个"一般均衡模型"而闻名，熊彼特因此把瓦尔拉斯称为"所有经济学家中最伟大的一位"。瓦尔拉斯构建"一般均衡模型"的灵感主要来自于一个完全不同的领

---

① 尼格拉斯·庇古：《46位经济学家和36本名著》，海南出版社，2003年4月，第54页。

域——物理学，特别是力学中的“静态均衡理论”。经济思想史学家们普遍认为物理学家路易·波因斯多的著作《静态要义》(1803)对瓦尔拉斯的影响最大。虽然这个“一般均衡模型”并没有什么实践意义，但它有助于我们理解我们生存于其中的复杂的市场经济系统。

1892年瓦尔拉斯辞去了洛桑大学经济学教授的职务，同时推荐了45岁的意大利工程师**帕累托**(1848—1923)继任其职，瓦尔拉斯与帕累托一起共同创建了**洛桑学派**，这个学派强调数学工具在经济学分析中的运用。瓦尔拉斯完全明白他自己所取得的研究成果在未来对于经济学发展的深远意义，“如果一个人想要快速的丰收，他就必须种胡萝卜，如果一个人想要种桉树，那么，他必然已经告诉自己：我的子孙们将会因这片树荫而感谢我”。

帕累托1848年出生在法国的巴黎，父亲为意大利政治流亡者，母亲为法国人。帕累托在意大利接受的教育，毕业于意大利都灵大学，获得工程学学位，在做了20年的工程师和意大利铁路公司的经理后，1892年帕累托接替了瓦尔拉斯在洛桑大学的经济学教授职位，成为了一名大学教授，开始了他作为一个专业学者的生涯。1911年帕累托辞去了在洛桑大学的教职，退休回到了瑞士日内瓦河畔的住所，直到1923年去世。

帕累托在经济学方面的代表作为《政治经济学教程》(1906),其他的主要著作还包括《社会主义制度》(1901)、《一般社会学概论》(1916)。在帕累托1916年出版的《思想与社会》一书中,他发明了"精英"一词来描述社会的少数统治者。

帕累托对经济学理论的主要贡献是成功地将数学工具应用于由瓦尔拉斯开创的一般均衡方法中。但帕累托和其前任瓦尔拉斯一样,没有完成对一般经济均衡的存在性、唯一性和稳定性的数学证明,也许正是因为这一点,帕累托才在晚年将学术兴趣转向了社会学。

帕累托以"帕累托最优"的概念而闻名,帕累托最优状态就是在理想状态下完全竞争所达到的一种经济状态。在这种状态下,改变资源的配置状态已经无法在不损害他人的前提下使任何人的福利水平变得更好。

门格尔、维塞尔和庞巴维克

卡尔·门格尔(1840—1921),出生于波兰的一个律师家庭,当时的波兰还属于奥匈帝国的一部分。门格尔1859年进入维也纳大学学习法律和政治学,在1867年获得科拉科夫大学的博士学位,之后成为了一名经济记者,并在做记者的同时开始写作他的学术著作《国民经济学原理》。这本著作在1871年他31岁时得到了出版,当他把这本著作提交给维也纳大学以后,他被聘为一名没有工资的讲师。

门格尔在维也纳大学很受学生和同事的欢迎，在1873年就被聘为副教授。1876年门格尔被奥地利王储鲁道夫大公聘为私人教师，以《国富论》为教材为王储讲授速成经济学课程。在课程结束之后，门格尔留下来用两年的时间陪同鲁道夫大公周游了欧洲的许多国家。门格尔同样给王储的父亲、奥地利皇帝约瑟夫留下了深刻的影响，1879年皇帝同意任命门格尔为维也纳大学的法律和政治经济学教授，这是一个很有社会地位和有很高薪水的职位。在那个时候，维也纳大学的教授不仅有丰厚的工资，还有同样丰厚的课时费和从每个学生那里得到的考试费。在1903年门格尔退休的那年，以当年的汇率计算门格尔的收入达到了4 000美元，以购买力计算相当于今日的60万美元。

门格尔在那个时候很有社会影响，有些人甚至认为他将最终会被皇帝任命为首相。但在1889年，30岁的王储开枪自杀后，门格尔在政治上的前途立刻变得毫无希望了。1903年门格尔在63岁时因为性丑闻而提前退休，一生都没有结婚的门格尔最终获得了约瑟夫皇帝的批准，为他的私生子争取到了合法的身份，他的儿子后来成为了一名著名的数学家。

在退休后，门格尔致力于对《国民经济学原理》的修订，但门格尔和马克思一样兴趣过于广泛，涉猎过多，特别是卷入了与德国历史学派毫无意义的方法论争论，耗费了门格尔大量的时间和精力。1883年门格尔出版了《对社会科学方法的研究》，1884年又出版了《德国政治经济学中的历史主义的错误》，这是一本包含致友人的16封信的通信集。作为一名完美主义者，门格尔一生都没有允许将他的名著重印和翻译成其他文字，他的思想原本能够更加迅速地为世人所知。门格尔的声望吸引了大批学术上的追随者，在他们之中最著名的要数维塞尔和庞巴维克了。

弗里德里希·冯·维塞尔（1851—1926）和欧根·冯·庞巴维克（1851—1914）同年出生，一起上中学，一起在维也纳大学教书，不仅是好朋友，还是姻亲，1880年庞巴维克和维塞尔的妹妹结婚了。1884年，维塞尔被任命为维也纳大学的经济学副教授，1903年继承了门格尔在维也纳大学的席位，成为了经济学教授。“边际效用”、“机会成本”和“经济计划”等经济学术语都是维塞尔发明的。维塞尔的代表作为《经济价值的起源和主要法则》（1884）、《自然价值》（1889）、《社会经济理论》（1914）和社会学著作《强权的法律》（1926），其中《社会经济理论》一书发行甚广，影响最为深远。

庞巴维克在生前被认为是欧洲大陆最负盛名的经济学家，他所达到的事业高度是门格尔和维塞尔所难以匹敌的。1884年庞巴维克出版了《资本与利息》，1889年出版了《资本利息实证论》,1896年庞巴维克出版了他全面批判马克思建立在劳动价值论基础上的《资本论》理论体系的著作——《马克思体系的终结》(*The Close of Marxian system*)一书。在该书中庞巴维克写道,"马克思在第一卷中强调一切价值都以劳动而且仅仅以劳动为基础,商品价值之比等于生产这些商品的必要劳动时间之比,商品交换就其实质来说,是凝结在其中的等量劳动相交换……现在,马克思在第三卷中简单明确地向我们指出……单个商品之间不再按凝结在商品中的劳动的比例相交换",因为马克思的观点"是资本利润的平均化",但"如果产品按照凝结在其中的劳动量的比例进行交换,那么资本利润就不能平均化;如果资本利润平均化,那么商品就不能按照凝结在其中的劳动量的比例进行交换","相等的利润率,只有通过一部分商品高于而另一部分商品低于它的价值的价格出售,即按照与商品中所凝结的劳动量相偏离的比例相交换才有可能","可见,马克思的第三卷否定了第一卷",从而建立在劳动价值论基础上的整个《资本论》的理论体系就终结了,崩溃了〔原文读者可阅读欧根·庞巴维克(王成稼译)的《马克思体系的终结》一书〕。

由于庞巴维克杰出的经济学成就,他于1893年、1896—1897年、1900—1904年三次被任命为奥地利的财政大臣,他的照片也因此被印在奥地利100先令的钞票上,亚当·斯密是第二位享此殊荣的经济学家。1904 年庞巴维克和维塞尔一起成为维也纳大学的正教授，庞巴维克的讲座和私人研讨会吸引了许多学生参加，其中就包括后来成为奥地利学派第三代经济学家的米塞斯、哈耶克和熊彼特。

第二节　作为现代经济学研究中心的英国

弗朗西斯·埃奇沃斯

弗朗西斯·埃奇沃斯(1845—1926)出生于爱尔兰，先后在都柏林的三一学院和英国的牛津大学学习，后来成为了牛津大学的经济学教授。埃奇沃斯还是英国皇家经济学会的创建者之一，担任《经济学杂志》的编辑长达 35 年。

埃奇沃斯对现代经济学的重要贡献之一是将数学方法的使用在经济学研究中普及化，他认为分析人类最大化行为的最有效工具就是微积分。在今天的现代经济学中，数学工具在阐述和检验经济理论过程中的重要性已经不用争论了，埃奇沃斯和古诺就是经济学数学化的早期开拓者。埃奇沃斯还最早提出了无差异曲线的思想，最早区分了平均产量和边际产量的差异，也是最早说明不确定性的经济学家之一。

埃奇沃斯对经济学的贡献集中体现在他写于 1881 年的《数

学心理学》和1925年收集成册出版的《政治经济学论文集》中。

马歇尔与《经济学原理》(1890)

第二代现代经济学家中的代表人物是**阿尔弗雷德·马歇尔**(1842—1924)。马歇尔是英国集19世纪经济学发展成就之大成的经济学家,英国剑桥学派的创始人[①],剑桥学派又被称为新古典学派。

马歇尔1842年出生于伦敦,他的父亲是英格兰银行的一名普通职员。马歇尔毕业于剑桥大学数学系,毕业后留在剑桥大学做伦理学教师,但他的学术兴趣很快就转到了政治经济学上面。1877年,马歇尔与他在剑桥大学的学生玛丽·配第结婚,独身的校规使他不能继续留在剑桥大学做教师了。1884年由于校规的修改,马歇尔又重新回到了剑桥大学做教师,并成为剑桥大学的政治经济学教授。1890年在他的积极努力下,英国经济学会得以成立,《经济学杂志》也在这年创刊。

1890年,马歇尔出版了经济学发展史上里程碑式的著作**《经济学原理》**一书,该书是经济学理论发展史上的第二次大综合。马歇尔在书中所建立起来的微观经济学理论体系完整地反映了

---

① 凯恩斯称马尔萨斯为"第一个剑桥经济学家",因为他是剑桥大学耶稣学院的毕业生。

约翰·穆勒以后经济学研究所取得的所有重要进展。直至二战以前，该书一直是世界上、准确地说是大西洋两岸最流行的经济学教科书，被那个时代多数的欧洲经济学家和美国经济学家当作辩论的起点。这本著名的经济学教科书在其第一版正式出版后的40年后才达到它的最大发行量，这一事实很好地说明了这本教科书在经济学发展史上所产生的深远影响。凯恩斯曾经评论道，要想成为一名优秀的经济学家，只需要阅读马歇尔的《经济学原理》和一份好报纸的经济版就可以了。[①] 马歇尔的理论体系为后来的西方主流理论经济学确立了微观经济分析的基本框架，直到今天，微观经济学仍然沿用着马歇尔所建立的理论框架。经济学这门学科的名称也因为马歇尔的这本经典教科书的广泛使用而由"政治经济学"转变为"经济学"。

马歇尔的《经济学原理》原本是作为上下卷中的上卷出版的，但马歇尔始终没有能够完成这部书的下卷，而且从第六版(1910)开始，"第一卷"这个名称也不再使用了。马歇尔原本打算在下卷中讨论对外贸易、货币金融、商业周期、税收、集体主义等问题的，马歇尔生前最后两部著作《工业与贸易》、《货币、信用和商业》只是部分地涉及了这些研究领域。除了《经济学原理》

① [意大利]阿列桑德洛·荣卡格列亚：《西方经济思想史》，上海社会科学出版社，2009年8月，第一版，第297页。

以外，马歇尔的其他主要学术著作有《工业经济学》(1879)、《工业与贸易》(1919)和《货币、信用和商业》(1923)。

马歇尔是一个极端谨慎的经济学家，对自己的写作要求过于苛刻，在没有能够完善地表达他的经济学思想之前，马歇尔就会拒绝发表他的经济学思想，因此，马歇尔总是不断地推迟将他创造性的思想在出版物上公之于众，他的《工业与贸易》一书就反复修改了15年才付诸出版。所以，马歇尔的经济学思想在正式问世之时总是显得很普通，因为这些经济学思想往往在公开发表之前很多年就已经被他的学生们所掌握和运用了。1888年，也就是说在他著名的经济学教科书《经济学原理》正式出版前的两年，赫伯特·福克斯维尔就曾经写道，“在联合王国中有一半的大学经济学教授是由他的学生担任的”，马歇尔的货币理论在1923年出版《货币、信用和商业》之前的数十年就在剑桥大学开始讲授了。

马歇尔最著名的两个学生恐怕要算是凯恩斯和庇古了。庇古也是凯恩斯在《通论》中批判的正统古典理论的代表，准确地说是庇古的《失业理论》(1933)。

作为一名出色的数学家，马歇尔对待数学在经济学中的运用这样的问题也同样非常的谨慎，他非常担心经济学家的研究工作如果过度依赖数学也许会使经济学家走上追求智力玩具和热衷于研究与实际经济活动不相干的“幻想出来的问题”的歧途。因此，马歇尔在写作《经济学原理》一书的时候，把数学部分严格地限制在注解和附录中。数学工具在今天西方经济学研究中的过分使用这一现实充分显示了马歇尔的远见卓识。

庇古的旧“福利经济学”(1920)

马歇尔的学生和忠实的追随者**庇古**(A. C. Pigou，1877—1959)，于1908年接替了马歇尔在剑桥大学的经济学教授的职位，并在这个职位上一直工作到1943年退休。在《社会主义对资本主义》一书中，庇古公开支持社会主义，赞成国家对经济部门进行渐进的、民主的、非暴力的接管。许多证据表明，庇古在1925年成为了苏维埃俄国的一名间谍，受命组建一个英国间谍网。庇古的特工经历直到上世纪80年代才被英国的情报机构公之于众。庇古能够把他的间谍活动和学术工作很好地隔离开来，他的学术作品的质量都非常高。

庇古于1912年出版了《财富与福利》(*Wealth and Welfare*)一书，1920年该书被扩展为**《福利经济学》**(*The Economics of Welfare*)，创立了“福利经济学”的完整体系。庇古在这个理论体系中表达了对穷人利益的强烈同情和对高额遗产税、累进所得税等再分配方案的强烈支持。

福利经济学作为经济学的一个分支，主要关注的是如何使社会福利实现最大化的问题。在福利经济学中，“福利”指的不是政府的补助，而是社会经济福利，即社会福利中能够用货币衡量的部分，也可以理解为一国国民所得到的普遍好处、经济利益、经济剩余或幸福。福利经济学并不是一个清晰、统一的思想体系，由于经济学本身经常被定义为是一门研究如何进行选择以使用有限的经济资源达到最大的经济利益的学问，所以，几乎经济学的每个方面都包含了福利经济学的内容。相比较一般的经济学家而言，福利经济学家更加关注下面两个方面或其中的一个方面：定义并分析如何达到社会福利的最大化；确定妨碍实现社会福利最大化的因素并对克服这些因素的不利影响的可行方式提供建议。

庇古根据“边际效用基数论”提出了两个基本的福利经济学命题：国民收入的总量越大，社会经济福利就越大；国民收入的分配越是均等化，社会经济福利就越大。庇古认为，经济福利在相当大的程度上取决于国民收入的数量和国民收入在社会成员之间的分配情况。因此，要增加社会的经济福利，在生产方面必须增大国民收入总量，在分配方面必须消除国民收入分配方面的不均等。

经济史学家们常常把意大利裔的法国经济学家维尔弗里多·帕累托看作是“福利经济学”的开拓者。帕累托提炼了瓦尔拉斯的一般均衡原理，并提出了我们今天所说的“帕累托最优”的条件，或者说“社会福利最大化”条件。后来，其他的经济学家给出了严格的数学证明，说明完全竞争的产品市场和生产要素市场能够实现帕累托最优。帕累托认为，当不存在能够使某人的处境变得更好而又不使其他人的处境变得更差的任何变化时，这个社会就实现了福利的最大化。在这种状态下稀缺资源得到了最优配置，社会实现了最优产出量，这些产出在消费者之间实现了最优分配。

对判断社会福利是否实现了最大化的帕累托标准的批评主要有下列几个方面。第一，一些经济学家认为，帕累托标准仅仅确立了对任意现存分配状况下的社会福利最大化的判别条件，而忽视了社会分配公平的问题。因此，帕累托最优可能有多种状态，每种状态之间可能反映出极为不同的收入分配不公平水平。正如美国的印度籍经济学家阿玛蒂亚·森[①]（1933—　）所说的：“假设我们正在分一个蛋糕，假设我们每个人都偏好更大

---

① 阿玛蒂亚·森，出生于印度，森的名字是印度著名的诗人泰戈尔给起的，森的父亲是达卡大学的化学教授，祖父是一所大学的梵文和印度文学教授，森的大学在印度加尔各答大学度过，在英国的剑桥大学获得了经济学的博士学位，其博士论文的指导教师是剑桥大学著名的经济学家琼·罗宾逊夫人。

的而不是更小的蛋糕，那么，任何可能的分法都将是帕累托最优的，因为任何使某人景况改善的变化都将会使其他至少一个人的景况恶化。问题的关键是分配，帕累托最优对此没有任何说服力。”①第二，如果一项公共政策对一部分人会造成损害，但能够同时为另外一部分人带来利益，且为整个社会能够带来净收益，能够提高整个社会的总福利，也就是说在理论上，受益者能够充分补偿受损者，在这种情况下，如果受益者没有实际做出补偿性支付，根据帕累托最优条件，这样的能够促进社会总福利的公共政策就不应该得到实施。第三，帕累托最优的标准是建立在效率的静态观点之上的，在一些情况下，短期对帕累托最优条件的偏离能够提高这个社会长期的资源配置效率，如实施反垄断法或专利法，这样，如果我们严格地执行帕累托最优条件，许多能够在长期提高资源配置效率和长期产出水平的法律、公共政策或私人行动就得不到鼓励。第四，帕累托标准没有考虑道德因素，但人们在一些情况下更加关注道德价值而不是经济效率，因此，一些符合帕累托最优标准的经济活动可能会因为与社会的道德标准和价值观相冲突而被法律所禁止，如色情、毒品或贩卖儿童等方面的交易。

① ［美］斯坦利·布鲁，兰迪·格兰特：《经济思想史》（第七版），北京大学出版社，第336页。

新福利经济学

20世纪30年代,庞古的福利经济学思想受到了罗宾斯(1898—1984)、卡尔多(1908—1986)、希克斯(1904—1989)、勒纳(1903—1982)等经济学家的批评,这些经济学家认为,人的福利是一种对享受或满足的心理反应,个人间的效用不可衡量、不可比较也无法加总,社会经济效用是不可衡量的。应该把福利经济学建立在边际效用序数理论的基础上,把实现社会经济福利最大化所应具备的生产和交换的最优条件作为福利经济学的中心问题,反对研究收入分配问题。卡尔多等人建立在帕累托最优条件基础上的福利经济学就被称为"新福利经济学"。相对应地,把庇古建立在"基数效用论"基础之上的福利经济学称为"旧福利经济学"。"新福利经济学"的代表人物是英国的卡尔多、美国的罗宾斯、勒纳、霍特林、希克斯、肯尼斯·阿罗(1921—)、詹姆斯·布坎南(1919—)、戈登·图洛克和美国的印度籍经济学家阿玛蒂亚·森(1933—)。

新福利经济学根据帕累托最优条件和序数效用论提出了自己的福利经济学命题:每个人都是他自己的福利状况的最好判断者;社会经济福利取决于组成这个社会的所有个人的福利状况;如果至少有一个人的经济福利状况好了起来,而同时没有任何一个人的经济福利状况恶化，我们就可以说整个社会的福利状况得到了改善。新福利经济学家认为，福利经济学应该研究经济效率问题，而不是收入分配问题。福利经济学家所说的经济效率指的是社会经济达到帕累托最优状态所需要具备的条件，包括交换的最优条件和生产的最优条件。

新福利经济学家认为，帕累托最优状态不是一个而是多个，而根据帕累托最优条件无法判断出在哪一种状态下社会的经济福利状况是最大的。1939 年，卡尔多提出了"补偿原则"下的社会经济福利优化的标准，"补偿原则"是新福利经济学的重要内容之一。卡尔多提出，对于 A 和 B 两种社会经济福利状况，如果在由状态 A 向状态 B 转变的过程中，受损者所蒙受的损失小于受益者得到的益处，即使有社会成员的经济福利状况恶化了，对于整个社会来说，状态 B 的社会经济福利状况依然要好于状态 A。希克斯对卡尔多的标准做了进一步的发挥，指出如果在社会从 A 状态向 B 状态转变的过程中，受损者无法诱使受益者停止推动这种转变，对整个社会来说就说明状态 B 比状态 A 的社会福利水平要高。

阿罗在 1951 年出版了他的博士论文《社会选择与个人价值》，在这篇论文中他证明了"阿罗不可能定理"。该定理的内容是，并不存在这样一种决策机制，它所产生的结果不受投票程序的影响，并能最终将所有的个人偏好次序转化为一种社会偏好次序，不同的投票程序会产生不同的社会偏好次序。

第三节 现代经济学在美国的生根与繁荣

美国第一位享有世界声誉的经济学家：约翰·贝茨·克拉克

约翰·贝茨·克拉克（1847—1938），美国哥伦比亚大学的经济学教授，是美国第一位作为原创理论家而获得国际声誉的经济学家。

1899年克拉克出版了他最重要的学术作品《财富的分配》，在这本著作中克拉克提出了"劳动的边际生产力理论"，认为在自由竞争的情况下，工资等于投入的最后一个工人的劳动所带来的边际产品。如果工人的劳动生产率提高了，工人的工资水平就会随之提高，显然这一理论与马尔萨斯、李嘉图、马克思的观点——工人的工资永远不会高于生存工资水平以及资本家得到了不公平的劳动产品的份额——相对立。

克拉克认为，在完全自由竞争的条件下，每种生产要素都会根据其边际产品的数量而得到公平的支付，这种竞争性的总产品分配理论是一种公正的自然规律。按照克拉克的劳动的边际生产力理论，工资水平只有在低于其边际劳动产品时才能够被确定受到了剥削。劳动的边际生产力理论削弱了马克思主义者的剥削理论，马克思主义者要求工人得到全部的劳动产品。

这一时期美国经济学界的代表人物还有理查德·T.伊利(1854—1943)、弗兰克·A.费特(1863—1943)、欧文·费雪(1867—1947)和卫斯里·克莱尔·米契尔(1874—1948)，还有作为经济学界异端的托尔斯坦·凡勃伦(1857—1929)，他与来自德国的马克斯·韦伯(1864—1920)一起创建了一个全新的学派——制度学派。

理查德·T.伊利，毕业于哥伦比亚大学，在1885年创建了世界上最大的经济学家组织——"美国经济学会"，直至今天，每年美国经济学年会上的主题演讲都要冠上"伊利"(注意：这个"伊利"不是那个中国著名牛奶产品制造商的名称)的名字，**卫斯里·克莱尔·米契尔**则终生致力于对经济周期的研究，在1913年出版了他的代表作《经济周期》。

欧文·费雪，是经济学发展史上最优秀的货币经济学家之一，货币主义学派的创始人，货币宏观经济学的先驱。在米尔顿·弗里德曼及其芝加哥学派领导的货币主义者的努力下，费雪的理论成果得到了不断的延续和发展。

费雪就读于耶鲁大学数学系，他的博士学位论文《价值与价格理论的数理研究》被萨缪尔森赞誉为“经济学界前所未有的最伟大的博士论文”。费雪取得博士学位后在耶鲁大学教授数学，还出版了几本非常成功的数学教科书。费雪 1898 年转任耶鲁大学政治学系正教授，但在同年费雪被诊断出患有肺结核，这在当时是绝症，不过乐观和顽强的费雪依靠运动、保持健康的生活方式、呼吸新鲜的空气最终战胜了肺结核。费雪在 1930 年成为“美国计量经济学学会”的第一任主席。

费雪还因为发明了一种索引卡片检索系统而成为百万富翁，并因投资华尔街的股票而成为千万富翁。但这位货币经济学大师却对 1929 年的股市泡沫估计不足，对即将到来的金融风暴失去了判断力，到 1932 年的时候，道·琼斯工业指数已经从泡沫破灭前的 381 点降到了 40 点，费雪也从一名千万富翁变成了经济上的破产者，直到费雪去世他也没有能够还清因借债投资股票而欠下的巨额债务。耶鲁大学为了保护费雪不得不把他住的房屋买下再租给他，以防止债主把他的房屋拍卖。

美国经济学界的“克拉克奖”

约翰·贝茨·克拉克奖(John Bates Clark Medal)，俗称“小诺贝尔经济学奖”，是由“美国经济协会”于 1947 年在美国经济协会创始人、协会第三任会长约翰·贝茨·克拉克诞辰 100 周年之际设立的，以纪念提出“边际生产力理论”的克拉克。“克拉克经济学奖”是世界经济学界除“诺贝尔经济学奖”之外的另一项重要大奖，每两年评选一次，仅颁发给 40 岁以下的美国经济学家。

自 1947 年将第一份奖颁给保罗·萨缪尔森以后，还有许多诺贝尔经济学奖得主都得到过克拉克经济学奖，如米尔顿·弗里德曼(1951)、詹姆斯·托宾(1955)、肯尼思·阿罗(1957)、劳伦斯·克莱因(1959)、罗伯特·索洛(1961)、加里·贝克尔(1967)、丹尼尔·麦克法登(1975)、约瑟夫·施蒂格利茨(Joseph E. Stiglitz，1979)、迈克尔·斯彭斯(A. Michael Spence，1981)、詹姆斯·赫克曼(1983)等。2007 年的美国经济学克拉克奖首次颁发给了一位女性经济学家苏珊·艾茜，她是一名来自哈佛大学的经济学教授。

经济学“克拉克奖”被视为诺贝尔经济学奖的重要指针，获得此奖章的学者，通常会引起瑞典皇家科学院诺贝尔奖评选委员会的特别注意。

瓦西里·里昂惕夫：投入—产出模型与国民经济计划

瓦西里·里昂惕夫 1906 年出生于俄国的圣彼得堡，是一个大学教授的儿子。里昂惕夫经历了俄国的十月革命、三年内战和实现新经济政策的经济恢复时期。1921年,里昂惕夫被列宁格勒大学录取,1925年里昂惕夫离开苏联去了德国的柏林。在柏林,里昂惕夫遇到了一个来自中国的代表团,这使得他得到了担任中国铁道部顾问的工作机会,在中国工作了一年的时间。1931年,在里昂惕夫从中国回到德国后不久,里昂惕夫接受邀请来到美国。

里昂惕夫的学术生涯主要是在美国的哈佛大学度过的,并在那里于1973年获得了诺贝尔经济学奖。1975年里昂惕夫离开了哈佛大学,转入纽约大学经济研究所,继续致力于投入—产出模型的研究。投入—产出模型是经济体系一般均衡模型的首次实际运用。里昂惕夫在美国的时间和他对投入—产出模型的研究时间一样长,在大多数经济学家心中,里昂惕夫似乎只与投入—产出模型联系在一起,里昂惕夫的投入—产出分析非常容易让人联想起魁奈的《经济表》。

里昂惕夫的投入—产出表描述了在一个给定的国家或地区的经济中,产品与服务在不同部门之间的流动,并试图定量地衡量经济系统中某一特定的产业和其他产业之间的关系,如要生产某一数量的钢需要多少其他产业的投入。里昂惕夫的投入—产出表中的每一行表示了一个产业出售给其他产业的产出分别是多少,投入—产出表中的每一列表示了某一特定的产业从其他每一产业购买的投入。里昂惕夫的投入—产出分析更加适合计划经济国家和欠发达国家，因为在这些国家中经济计划和政府发展规划更为普遍，计划的制定者可以借助于投入—产出分析来安排原材料的生产以保证各个产业的协调发展。而在市场经济国家中，技术的变迁会使该经济体的投入—产出方格迅速过时，而频繁地修改一个涉及数百个产业部门的投入—产出表则是一个不可能完成的任务，当然，这原本就不是一个政府必须承担的任务。

另一个与里昂惕夫联系在一起的经济学术语是"里昂惕夫之谜"。里昂惕夫在上世纪50年代对美国对外贸易产品的生产要素含量展开了卓有成效的实证研究，研究的结果显示，美国出口产品的资本密集程度低于美国进口产品的资本密集程度，这与按照标准的国际贸易理论得到的推论恰好相反，按照标准的国际贸易理论，像美国这样资本丰裕的国家应当出口资本密集型的产品，进口劳动密集型的产品，里昂惕夫的这个结论被称为"里昂惕夫之谜"。里昂惕夫用美国的高劳动生产率来解释这种现象，如果把人力资本也考虑进去的话，美国出口产品的资本密集程度就超过了进口产品的资本密集程度。

里昂惕夫的主要著作是《1919—1929年美国经济结构》（修订本）（1951）。

第四节 “经济学界”的异端:凡勃伦和加尔布雷斯

凡勃伦和美国的制度主义经济学派

在美国的国内战争和第一次世界大战期间,美国资本主义的发展取得了显著的成就,经济的快速增长使其成为了世界上最大的经济体,但工薪阶层生活的改善却远远低于经济快速增长所应该带来的改善程度,工人的工作时间很长,移民的不断涌入使工人的工资水平增长缓慢,住房不足,缺乏医疗、失业和养老保障,缺乏接受高等教育的机会,垄断横行,这样的社会经济状况就使许多学者开始质疑新古典经济学的理论体系,正是在这样的背景下,制度主义经济学产生了。

制度主义学派对社会改革运动的号召对社会的中下层成员以及非经济学学者非常富有吸引力,这些人都希望美国的社会能够朝着有利于自己利益的方向发生变革。该学派的创始人是托尔斯坦·凡勃伦。

托尔斯坦·凡勃伦(1857—1929),在今天更多地被看作是社会学家,在 19 世纪末、20 世纪初的美国扮演了资本主义社会和正统经济学主要批评者的角色。对于自由市场经济体系,亚当·斯密看到的是规则、理性的自利、和谐、繁荣、自由与进步，凡勃伦只看到了冲突、混乱、贪婪、残酷和浪费。凡勃伦忙于从资本主义的发展对人们生活与文化所造成的影响方面对资本主义展开全面、琐碎、杂乱无章和相互矛盾的批判，他始终没有建立起一个完整、严谨、单一和逻辑一致的理论模型。

制度主义者倡导更加宽广的研究视角。制度学派认为，必须将经济作为一个整体来考察，经济活动不是仅仅受最大化动机机械支配的个人活动的总和，经济学是与政治学、社会学、法学、历史等学科交织在一起的。制度经济学研究的对象涉及了社会运作过程的所有方面，因为只有这样才能够认识清楚人类的经济行为。制度经济学派重视研究制度在经济活动中的作用。制度学派所说的制度并非仅包括为了达成某一特定的目标而建立的组织或机构，如银行、学校、监狱和医院等，还包括被广泛建立与普遍接受的集体行为的组织模式，包括社会习俗、习惯、法律、信仰、意识形态、思维方式和生活方式等。制度学派认为经济生活是受经济制度而不是经济规律制约的。因为社会和各种社会制度都是在不断发展变化的，所以，制度学派反对新古典经济学在不考虑时间和地点的差异、不考虑不断发生的各种变化的情况下寻求所谓永恒的经济规律的静态观点。比起新古典经济学关心“是什么”的问题，制度学派关注的是“我们是如何到达这里的”和“我们将走向何方”的问题，因此，制度学派认为经济制度的演进和功能应该成为经济学的中心议题。制度学派对经济制度的研究要求经济学家不仅要具备经济学知识，而且还要具备历史学、社会学、人类学、政治学、哲学和心理学的知识。制度主义者认为人与人之间存在着严重的利益分歧，不赞同新古典经济学家们认为的利益和谐论。制度主义者认为，人是个具有合作性和集体性的动物，为了成员们的共同私利，他们将自己组织成各种团体，这样，人们之间的利益冲突就表现为不同团体之间的利益冲突了，如市民和农民之间、雇主和雇员之间、生产者和消费者之间、进口商和国内生产者之间以及大企业与小企业之间。政府应该为了社会的共同利益和社会的有效运行对不同利益集团之间的冲突进行协调和控制。制度主义者特别热衷于使财富和收入的分配更加公平的改革。制度主义者总是谴责自由放任的经济制度，主张政府应该在经济和社会事务中发挥更大的作用。

制度主义学派的发展

凡勃伦所创立的美国制度主义学派，经过卫斯理·米契尔、约翰·康芒斯和约翰·加尔布雷斯，一直延续至今。不过从经济学的眼光来看，他们的著作不像是经济学的学术作品，而更像是文学作品，具有明显的反理论倾向。而且，在凡勃伦之后，制度主义学派的发展呈现出了一种离散的发展路线。但“凡勃伦主义者”的思想和文献也具有一些共同的特征：内容丰富、零碎、杂乱无章、不成体系且相互矛盾。在今天，人们已经不再把这些制度主义者看作是致力于创造新理论的经济学家了。总体看来，制度主义学派是一个由具有极大差异性的个体组成的一个极其松散的经济学派，将其称为“制度主义思潮”更为贴切。

威斯康星大学的**康芒斯**强调法律体系以及经济管制对于经济增长的重要性，积极倡导反托拉斯、保护劳工和国家对经济活动的管制的重要性，他的代表作是《资本主义的法律基础》(1924)和《制度经济学》(1934)。

芝加哥大学的经济学教授**米契尔**不是一个资本主义社会激烈的批评者，而是一个伟大、严谨的研究者，他最突出的贡献是关于经济波动的卓越分析。米契尔的研究不是建立在那些没有被经验证明的推测上，而是建立在对准确的历史数据的统计分析基础之上。米契尔指出，频繁发生的经济危机和萧条是市场经济系统具有缺陷的明显证据，应该推进谨慎的国家计划来克服经济的波动，在此过程中应该注意保持经济系统的自由与竞争。米契尔的另一个贡献是创建并领导了 25 年的“美国经济研究局”。米契尔的代表作是《商业周期》(1913)。

托尔斯坦·凡勃伦

凡勃伦是美国第一代挪威移民的后代，在他人生的前16年，凡勃伦一直生活在美国威斯康星州的一个与世隔绝、自给自足的挪威人社区。也许与凡勃伦的成长环境有关，凡勃伦的一生始终游离于美国的主流社会之外，扮演着一个喜欢冷嘲热讽的旁观者的角色。

在17岁那年，父亲把凡勃伦送进了卡尔登学院，在这里孤傲、乖僻和尖刻的凡勃伦受到了经济学家约翰·贝茨·克拉克的青睐，他鼓励凡勃伦学习经济学。但凡勃伦似乎对经济学不感兴趣，在每周的公开演讲练习中，他递交的论文是为醉汉和食人行为的辩护。从卡尔登学院毕业以后，凡勃伦进入了约翰·霍普金斯大学学习哲学。在霍普金斯大学学习一年以后，凡勃伦转学到了耶鲁大学，继续学习哲学。1884年凡勃伦取得了耶鲁大学的哲学博士学位。哲学家市场需求的低迷，个性的异端和偏激，使凡勃伦没有能够获得相关的学术职位，凡勃伦回到了父亲的农场，在那里待了七年。在这七年中，凡勃伦贪婪地读书，人们整天能够看到的只是他在阁楼上露出的头顶。出于生计的考虑，凡勃伦决定重返学术界，这次他选择了有市场有前途的经济学。

1890年凡勃伦以一名研究生的身份进入了康奈尔大学，成为了康奈尔大学经济系主任劳伦斯·劳克林的学生。次年劳克林被任命为芝加哥大学的经济系主任，劳克林提出的唯一要求就是允许他带上凡勃伦一起到芝加哥大学。这样，凡勃伦就到芝加哥大学担任了《政治经济学杂志》的编辑，并成为经济系的一名教师。

在芝加哥大学的12年间，凡勃伦成为了美国当时最有名的社会和经济批判家之一。凡勃伦瘦小憔悴，性格古怪，行为异常，不修边幅，缺乏条理，阴郁邋遢，委靡无趣，悲观绝望，沉默寡言，挑剔刻薄，愤世嫉俗，极端内向，离群索居，孤独多疑，与他所生活的那个时代格格不入，对人类的本性和人类社会的未来持悲观绝望的态度。对正统经济学，凡勃伦也是一个坚定的批评者和怀疑者，他的抱负不是对新古典经济学进行修补，而是要彻底摧毁它。但凡勃伦对异性却有着不同寻常的吸引力，放荡不羁，始终与绯闻相伴。作为教师，凡勃伦有许多逸闻趣事。例如，他常常拒绝给学生高于“C”的成绩；整日衣衫褴褛，像个流浪汉一样；几乎每次上课都迟到和早退，讲课枯燥乏味，语调低沉平缓，“学生们就像是从沉睡的宫殿中出来的木乃伊雕像一样呆坐在那里”。由于和女学生之间发生了不道德的行为、拙劣的教学技巧、婚姻问题以及对为大学提供了大量捐赠的企业界人士的无情嘲讽，凡勃伦于1904年被芝加哥大学解聘。

离开芝加哥大学以后，凡勃伦先后在美国十余所最著名的大学担任过教职，人生经历丰富而离奇，但他在大学的职称始终没有超过助理教授。不过，总的来说，与马克思这样的思想家相比，凡勃伦这个生活上和思想界中的“另类”在世时就已经拥有了来自经济学界以外的太多的宽容、关注、欣赏、赞美与保护，这种欣赏来自于对“批判精神”、“不理解”和“不一致”的保护，而不是出于对他思想的认同与共鸣。凡勃伦于1929年在他曾经预言过的股票市场崩溃和经济大萧条开始前的几个月去世了。

《有闲阶级论》(1899)

1899年，42岁的凡勃伦出版了他著名的畅销书《有闲阶级论——对制度的一个经济学研究》，对当时中产阶级和上流社会的生活方式和习惯大加讥讽。凡勃伦所谓的“**有闲阶级**”，指的是拒绝从事一切具有实际价值的生产性工作的上层阶级，他们主要从事政治、战争、宗教、运动比赛等非生产性或荣誉性的工作。与之相对的是“劳役阶级”，指的是从事体力劳动、生产性工作或同谋生直接有关的日常工作的下层阶级。

凡勃伦认为炫耀性消费是对物品的浪费，炫耀性休闲是对时间资源的浪费，回避生产性劳动而热衷于炫耀性消费和炫耀性休闲是美国当时的主要社会问题。“有闲阶级”为了能够在与“劳役阶级”的歧视性对比中显示自己的优越性，“有闲阶级”必须摒弃劳动，因此，“有闲阶级”将体力劳动或为了谋生的劳动看成是不体面的事情。凡勃伦写到“波利尼西亚地区的某些酋长，为了保持尊严，他们宁可挨饿，也不肯用自己的手将食物送到嘴里”，“法国的某位国王，据说由于要遵守礼节，不失尊严体统，竟因此而丧失了自己的生命。这位国王在烤火，火势越来越旺了，而专门负责为他搬移座位的那个仆人刚巧不在身边，他就坚忍着坐在炉火旁，直至被熏烤而死”。

《有闲阶级论》最著名的一章是论述有闲阶级“炫耀性消费”活动的第四章。在这一章中，凡勃伦对以闲暇和浪费性的**炫耀性消费**为特征的高级生活方式进行了详细的批判和尖酸刻薄的挖苦。凡勃伦认为，有闲阶级聚积财富就是为了进行“炫耀性的消费”，人们把挣来的钱花在贵重物品上以求获得社会对他们的尊重。即使在穷人的消费方式中也包含了浪费的、炫耀性消费的因素，在当时的美国有专门帮助没有钱在隆冬季节到海边度假的穷人晒黑皮肤的工作室，穷人的朋友则会通过购买相似的商品进行“回击”以保持他们的“相对地位”。穷人对生活的看法是由占支配地位的有闲阶级强加给他们的。女性在展示男人拥有的财富方面具有特别的意义，女人们穿着不便于从事劳动的昂贵衣服和鞋子、留着长长的指甲和笨重的发型以显示她们是被“有闲阶级”的男人所拥有的，是“有闲阶级的女人”。

后人根据凡勃伦对炫耀性消费的描述总结出了“**凡勃伦效应**”这个术语，许多能够体现消费者社会地位和生活品位的“炫耀性商品”（也被称作“凡勃伦物品”）的定价越高，对它的需求就会越大，高收入者消费这些商品不是为了获得生理上的满足，而是为了获得心理上的满足，消费这种物品所获得的效用不仅来源于其内在的品质，还来源于这种物品的价格，也就是说“凡勃伦商品”不仅产生“内在效用”，还产生“炫耀性消费效用”。消费者把消费这些商品当作一种显示自己社会优越性的“信号”。不过，在现实世界中，“凡勃伦商品”向上倾斜的市场需求曲线并没有得到经验的证实。

凡勃伦的《有闲阶级论》这本书完全忽视了富裕阶层对社会进步的巨大作用，虽然总是富裕阶层首先消费昂贵的新产品，但富人们因此而提供的利润却最终使这些奢侈品变成了必需品或极普通的“正常商品”，如笔记本电脑和手机。富裕阶层同样也是资本、税收和慈善捐赠的重要来源。

约翰·肯尼斯·加尔布雷斯

在战后的美国，在思想上约翰·肯尼斯·加尔布雷斯

(1908—2006)是最接近于凡勃伦的学者了，加尔布雷斯和凡勃伦一样扮演着"美国著名的资本主义批评者、主流经济学的批判者"的角色。和凡勃伦一样，加尔布雷斯并不是一个严格意义上的理论经济学家，他不使用经济学理论进行思考，也不运用理论模型说明自己的思想，也不按照所谓"科学的"研究规范进行研究，而是熟练地运用反讽、挖苦、嘲弄等技巧来表达思想，他更多的是在"写作"而不是在"研究"，他的著作一般被看作是"畅销书"而不是严肃的经济学学术著作。

在加尔布雷斯的批评下，西方的主流经济学几乎没有受到什么影响，更谈不上什么损害。制度经济学派要想成为经济思想中的一股有生力量，它就必须发展出来一个统一的、能够很容易被理解和传授，并经得起理论批评、时间检验和统计证明的理论体系。当然，这样评价加尔布雷斯并不意味着我们认为他的著作是没有价值的，或者是没有启发的，事实上，加尔布雷斯在写作这些作品时的态度是非常严肃和认真的。

加尔布雷斯出生于加拿大的安大略省，成年后身高2.07米，是目前世界上最高的经济学家。加尔布雷斯年轻时的理想是成为一名和父亲一样的农民，但在大学期间他对经济学产生了浓厚的兴趣。加尔布雷斯在1930年获得了安大略农学院的学士学位后，于1933年获得了加利福尼亚大学伯克利分校的农业经济学硕士学位，于 1934 年获得该校的哲学博士学位。1937 年，加尔布雷斯成为了美国公民。

加尔布雷斯一生都在哈佛大学任教，曾担任美国价格管理委员会副主席、民主党顾问委员会经济顾问委员会主席等职务。加尔布雷斯对"看不见的手"的不信任，很可能就源于他在二战期间负责价格管理的工作中所取得的成功经验，加尔布雷斯的著作中的一个基本主题就是政府应当通过经济计划对经济的增长和发展发挥作用。在《丰裕社会》中他就表达了这样的思想，认为"看不见的手"有促使私人经济繁荣和公营经济凋敝的趋势。也正因为如此，加尔布雷斯的书在日本卖得比在美国好，当时的许多学者和社会舆论认为较有"计划性"的日本经济至少在短期打败了主要依靠市场、缺乏"经济计划"的美国经济。

在第二次世界大战后，加尔布雷斯还担任过印度、巴基斯坦和斯里兰卡等国政府的顾问。在 1961—1963 年间，加尔布雷斯被肯尼迪总统任命为美国驻印度大使。加尔布雷斯还是一位小说家和远东艺术家。1972 年，加尔布雷斯被选为美国经济学会的会长。

《丰裕社会》(1958)与《新工业国》(1967)

加尔布雷斯是一位多产的作家，一生写过三十多部著作，尤其以他的“美国经济三部曲”而闻名:《美国资本主义:抗衡力量的概念》(1952)、《丰裕社会》(1958)和《新工业国》(1967)。这些作品都强调了一个“大政府”的重要性。

在《美国资本主义》中,加尔布雷斯认为“大政府”是“大企业”和“大规模劳动组织”的必要的抗衡力量。1958年,加尔布雷斯出版了他最著名的畅销书《丰裕社会》,在这本畅销书中加尔布雷斯以散文诗般的语句准确地描述了美国社会中的不平衡:私人部门的丰裕和公共部门的拮据,解决的办法就是将资金通过税收的手段从丰裕的私人部门转移到拮据的公共部门。加尔布雷斯没有看到公共部门的拮据是与公共部门的快速增长并存的,公共部门因为缺乏开放、竞争、约束和经济激励而导致的低效率才是公共部门的根本缺陷,解决问题的办法不应该是转移财富,而应该是尽可能多地运用市场的力量来生产公共产品。可惜的是,公共部门的民营化并不在加尔布雷斯的视野内,即使在1998年的版本中亦是如此。

在这本书中,加尔布雷斯还创造了“传统智慧”这一词语,这一词语所描述的是这样一些观点:每一个人都把它当作真的来接受,可是它却从来没有接受过认真的检验。加尔布雷斯把新古典经济学看作是没有能够与时俱进的“传统智慧”,“经济学的缺陷并不是它们最初就是错误的,而是因为对那些过时的东西未能加以及时的修正，这些传统的东西之所以不能得以及时的修正是因为它们逐渐变得神圣不可侵犯了”。

加尔布雷斯在1967年出版的《新工业国》一书引起了最大的争议，甚至有批评家说这本著作意味着他作为一名非主流经济学家身份的彻底终结。在这本书中，加尔布雷斯提出了一个“二元体系”。“二元体系”论认为，美国社会由“计划体系”和“市场体系”两部分构成。“计划体系”由1 000家大公司组成，在这些大公司中所有权和控制权是分离的，普通的持股者对于公司的运营并没有实际的控制权，公司的控制权掌握在这些垄断公司的技术和管理人员手中，这些公司的实际控制者所追求的目标更加复杂，不是简单的股东利益最大化。企业实际控制者追求的目标包括保护性目标和积极性目标，保护性目标是获得足够的利润而非最大的利润。所谓足够的利润就是能够使股东相对满意并能够提供足够的留存利润以用于公司发展的利润。企业的积极性目标是增长，产量、销售量、市场占有率和利润的增长能够为公司的实际控制者提供职业安全性和丰厚的财务回报。大公司通过计划手段来控制市场和价格以降低自己面临的市场风险，价格和产量不再是由市场供给和市场需求的力量控制了，从而大企业也控制着“市场体系”。

市场体系则由1 200万个小企业、农场、个体经营者组成，完全听任巨型公司所控制的市场的支配。由于计划体系占据着统治和支配地位,美国这种丰裕社会存在着严重的收入分配不平等、经济发展不平衡、资源配置失调、通货膨胀与失业等问题。为了解决这些问题,就需要进行制度改革,运用政府的力量使这两种体系的权力与收入平等化。能够实现这两种体系平等化的社会就是所谓的“新社会主义社会”。

然而,我们观察到的事实是市场没有被大企业所控制,经济全球化还增加了主要产业中的竞争者的数量,产业的市场集中度没有普遍性地上升,大企业无法摆脱市场和股东的控制。大企业能够通过广告影响消费者但无法控制消费者,消费者拥有自由意志并且是自己利益的最好的评判者,并会依据这个判断展开追求效用最大化的行动。如果大企业能够像加尔布雷斯所说的那样控制消费者的需求的话,大企业就不用花费巨资去开发新产品,而只需要通过广告说服消费者继续购买现有产品就可以了。在长期,一个不去努力追求利润最大化的公司必定会面临着被接管的危险,一个没有实现利润最大化的公司的股票价格必定会低于其可能的最高价格。这样,通过给予股票持有者一个高于当前市场价格的价格,准备收购该目标公司的公司就能够获得对目标公司的控制权以及更换目标公司的管理层,增加该公司的利润。

第五节　现代经济学发展在欧洲大陆的辉煌顶点

张伯伦和琼·罗宾逊的"不完全竞争理论"

在20世纪前半期,凯恩斯革命以前经济学理论领域所取得的进展中最重要的就是"不完全竞争理论"的提出,这也是微观经济学领域在20世纪所取得的最重要的进展之一。

在马歇尔的理论体系中,对实际市场的描述一个是完全竞争模型,一个是由古诺和杜普伊特首先开拓并由马歇尔加以扩展的完全垄断模型,对市场在这两个极端情况之间的中间状态的描述则是在1933年出版的两本学术著作中同时完成的。1933年,在美国和英国同时出现了两本标题和主题都非常相似的独立完成的学术著作,即美国经济学家爱德华·H.张伯伦撰写的《垄断竞争理论》和英国经济学家琼·罗宾逊撰写的《不完全竞争理论》。

琼·罗宾逊(1903—1983)是"新剑桥学派"的代表人物,她的代表作是《不完全竞争经济学》。琼·罗宾逊出生在一个高级军官家庭中,1922年来到剑桥大学求学,她的丈夫也是剑桥大学的一位经济学教授。琼·罗宾逊是一位多产的作家、热情洋溢的演说家、精力充沛的辩论家和杰出的理论家。

琼·罗宾逊早年是凯恩斯的学生，后来在剑桥大学任教时与凯恩斯长期共事。琼·罗宾逊以真正理解凯恩斯学术思想的经济学家自居，将美国的“新古典综合派”看作是冒牌的凯恩斯主义，但欧美经济学界一般认为“新古典综合派”才是凯恩斯《通论》的最确切解释者。

从1953年开始，琼·罗宾逊一共来过中国七次，并于1969年出版了《中国文化大革命》一书，表达了她对中国“文化大革命”的印象和体会。1972年，琼·罗宾逊又出版了《中国经济管理》一书，对中国的计划经济赞美有加。琼·罗宾逊对毛泽东也非常欣赏，在这两部著作中她经常引用毛泽东的语录。琼·罗宾逊对实行计划经济的中国和朝鲜的热情辩护使她在学术上的支持者们非常尴尬，也许就是因为这个原因使女性经济学家获得诺贝尔经济学奖的希望因她而破灭了。

凯恩斯和他的《就业、利率和货币通论》(1936)

在两次世界大战之间，西方主要的市场经济国家在政治和经济上都陷入了空前的危机，对失去工作、饥饿和战争的恐惧笼罩在西方主要的自由市场经济国家，新古典经济学的理论由于不能很好地解释长时间持续的经济危机的原因，从而也陷入自身的理论困境。1929—1933年席卷西方主要市场经济国家的

“经济大萧条”使新古典经济学关于市场经济是一部可以依靠自身内部力量自行调节的机器、不会出现长时期严重失业的逻辑结论被打破。对新古典经济学的挑战已经无法遏制了。经济大萧条为什么会发生？经济大萧条为什么会持续如此长的时间？政府如何做才能阻止类似的灾难？对这些答案的寻找成为现代宏观经济学发展的起点。

如果我们把亚当·斯密算作是苏格兰人的话，约翰·梅纳德·凯恩斯(1833—1946)就可以被看作是英国历史上最著名的经济学家了。

英国剑桥大学的经济家凯恩斯出生于马克思去世的那一年，他的父亲约翰·尼维尔·凯恩斯是剑桥大学的经济学教授，是一位著名的逻辑学和经济学方法论学者，主要代表作是《政治经济学的范围和方法》(1890)。凯恩斯的母亲是剑桥大学最早的女毕业生之一，也是剑桥市第一位女市长。凯恩斯接受几乎是可以达到的最好教育，中学毕业于著名的伊顿公学，1905 年毕业于剑桥大学国王学院数学系。1906 年，凯恩斯在大学毕业后通过了文官考试，开始在印度事务部任职。1908 年凯恩斯辞去了印度事务部的工作，接受了剑桥大学经济学讲师的职务。从 1911 年起，凯恩斯在马歇尔的支持下开始担任《经济学杂志》的主编。凯恩斯在主编的位置上工作了三十多年，在他的努力下，这份杂志成为了当时最具权威性的经济学学术期刊。凯恩斯在早年是一位同性恋的实践者，但在44岁时与俄国芭蕾舞演员结婚后似乎恢复了正常的生活。凯恩斯毕生都热衷于研究人的手相，难怪他不怎么接受"看不见的手"的学说。

1919年，在一战结束后凯恩斯参加了"凡尔赛和会"英国代表团，因对"凡尔赛和约"的内容不满而辞职，并写下了《和约的经济后果》一书，这本书成了当时的畅销书。和欧文·费雪一样，凯恩斯对上世纪20年代的股票和商品市场充满了信心，拥有了大量的股票和期货合同。同样和欧文·费雪一样，美国股市的崩盘使凯恩斯蒙受了巨大的经济损失(1997年诺贝尔经济学奖的得主罗伯特·默顿和迈伦·斯科尔斯面临着类似而更大的尴尬，采用他们的期权定价策略的对冲基金亏损了40亿美元)。凯恩斯在大萧条时期个人投资的失败深深地影响了他的学术思想，加深了他对传统的古典经济学和自由放任原则的厌恶。大萧条后，凯恩斯开始着手写一本创造经济学新模型的书，在1935年新年的这一天，凯恩斯写信给剧作家乔治·萧伯纳谈到了他当时正在写作的这本书："我相信，我正在写的这本关于经济理论的书，在世界如何看待经济问题方面，将会引起一场彻底的革命，这种影响可能不是立刻出现的，我猜想，会是在下一个十年。"凯恩斯的预言从态度上说无疑是傲慢的，但从这部著作在思想界产生的结果上看却是显得有些保守了。

1940 年凯恩斯被任命为英国财政部的顾问，从事与美国谈判借款的事务。1941 年凯恩斯加入了英格兰银行的董事会，1942 年被英国女王授予了勋爵爵位。1944 年凯恩斯组织领导了布雷顿森林会议。1946 年，凯恩斯就任了新成立的世界银行的副行长，但在同年的夏天，凯恩斯因为心脏病发作在自己的乡间别墅突然去世了。

凯恩斯于 1936 年出版了他的划时代巨著——**《就业、利率和货币通论》**，这本书确立了他作为划时代的理论经济学家的历史地位。尽管这本书正如萨缪尔森所说的，结构松散，傲慢，晦涩难懂，但书中所阐述的理论还是立刻引起了经济学研究领域的所谓“凯恩斯革命”。凯恩斯主义学者们认为，是凯恩斯第一次系统地说明了一国的政府可以如何利用政府的支出和税收变化来稳定就业水平，从而奠定了宏观经济学理论体系的基础。萨缪尔森把凯恩斯在《就业、利率和货币通论》中所表达的经济学思想比作思想上的传染病，说这本书一出版就立刻横扫美国的大学校园，传染了几乎所有 40 岁以下的年轻学者，但 40 岁以上的经济学家却似乎人人具有“免疫力”。

需要指出的是，在上世纪二三十年代，西方经济学界诞生了一大批经济学文献来说明应该如何运用财政政策来缓解失业问题,《通论》就是脱胎于这些文献的,因此,在政策层面上,凯恩斯的《通论》并不具有那么大的革命性。早在《通论》出版以前,许多国家就已经在推行后来被称作“凯恩斯主义宏观经济政策”的政府干预政策了,如开始于1932年的美国“罗斯福新政”。凯恩斯主义的政府干预理论直到1947年才被美国的财政部完全接受,一直到上世纪的60年代,美国的肯尼迪政府才系统地采用了凯恩斯主义的充分就业政策。

凯恩斯在书中宣称,市场经济是内在不稳定的,并不存在向充分就业发展的自然趋势。现代市场经济可能会长时间地陷入一种非充分就业的均衡,许多人会长时间地处于非自愿失业状态。即使市场内部自身的力量最终能够像古典经济学说的那样使失衡的经济最终恢复平衡,但市场的“暂时”后退对我们来说已经算得上是“持久”和痛苦的后退了,“在长期,我们都死了”。市场价格具有不完全的弹性,不足以消除全部的过剩生产能力,会长时间存在失业。同样,工人的工资也不具有完全的弹性,缺乏弹性的工资不能保证每个愿意工作的工人都能找到工作。凯恩斯认为古典经济学家对私人经济内在稳定性的乐观态度充其量代表了一种美好的愿望。供给是能创造需求,但供给创造的这个需求既不足够,也不一定是能够与供给配套的需求。相反,需求能够创造供给,为满足消费需求而提供的供给是和消费相一致的供给。经济系统很可能在一个非充分就业的状态下实现了宏观均衡。在这种情况下，人为地增加购买就是一个必然的选择。在消费者不愿意支出的情况下，如果政府大幅度地增加财政支出，宏观经济就能够向充分就业的方向移动。政府的减税措施也能够增加消费者的可支配收入，从而使总需求增加。有效需求不足使宏观经济不稳定不是偶然发生的，而是必然会发生的。政府宏观经济政策的使用是有效的，也是必要的。如果没有政府的政策刺激，依靠市场的自我调节机制恢复经济，不仅会经历长时间的痛苦，而且经济的衰退与崩溃注定会轮番上演的。

但凯恩斯反对在微观层次上限制经济自由，主张在微观层面上贯彻自由放任原则，反对实行经济的国有化和价格—工资管制，主张政府通过主动地运用预算赤字和公共工程计划的方法来扩大需求，实现充分就业，保护自由企业。凯恩斯试图通过总需求管理来消灭资本主义周期而不是资本主义本身，凯恩斯的理论在某种意义上从马克思主义手中挽救了资本主义，挽救了新古典经济学。凯恩斯的经济理论在西方主要发达国家成了马克思主义理论强有力的竞争者和替代品，马克思主义理论在发达的资本主义国家中变得不那么具有吸引力了。许多人将凯恩斯对经济学的贡献和哥白尼在天文学上、达尔文在生物学上以及爱因斯坦在物理学上的贡献相提并论。但从另外一个角度看，凯恩斯的政府干预主义理论也使西方的市场经济在战后相当长的一段时期偏离了自由市场经济的轨道，批评家们也常常把凯恩斯的经济理论看作是自马克思主义产生以来对市场经济自由原则最严重的威胁和破坏。

所谓的“凯恩斯革命”，“革命”的含义主要体现在三个方面：在理论上否定了“供给能够自动创造需求”的萨伊定律。萨伊认为，市场上的交换在本质上是产品与产品之间的交换，在产品的交换过程中，供给一种产品的人必然会对其他产品产生需求，因此，每种进入市场的商品都能自动地创造出相应的需求来。凯恩斯认为，萨伊定律依据的是没有货币的实物经济，“有效需求不足”是引起失业的主要原因，而有效需求的大小取决于三个基本心理因素——边际消费倾向、对资产未来收益的预期、对货币的流动性偏好以及货币的数量。“流动性偏好”或“流动性迷恋”指的是在经济危机期间人们对现金或流动性非理性的需求。“流动性陷阱”指的是商业银行在严重萧条期间无论准备金率降到一个什么样的低水平也不愿意将超额准备金贷出去的情况。在这种情况下，中央银行的货币政策就失去了刺激经济活动的作用，经济就有可能会长期困在一个停滞的“陷阱”之中。凯恩斯认为“需求能够创造出对自己的供给”，被人称为“凯恩斯定律”。

在分析方法上，凯恩斯在坚持新古典经济学个量分析方法的同时，开创了较为系统的总量分析方法。在政策主张上，凯恩斯反对新古典经济学以自由放任为主基调的自由主义政策，强调政府干预的重要性，特别是强调了财政政策的必要性和重要性。

“凯恩斯革命”所形成的这套理论体系成为了当代宏观经济学的理论体系的起点和基础，凯恩斯本人也因此被称为“宏观经济学之父”。

凯恩斯和罗斯福

1933年，罗斯福在美国经历了四年大萧条之后出任总统。在政治学家雷蒙德·莫利等人的策划下，罗斯福实行了国家积极干预经济生活的“新政”。“罗斯福新政”的核心政策是政府通过举债扩大公共工程方面的支出，运用积极性的财政政策来刺激经济的增长，罗斯福新政的内容与凯恩斯的经济思想和政策主张不谋而合。1933年年底，凯恩斯在《纽约时报》发表了《致罗斯福总统的公开信》，在信中称赞罗斯福：“你使自己成了世界各国致力于在现存社会制度中用合理的实验手段除弊兴利之士的受托人……如果你大功告成，那么将无处不以新的、更大胆的方式进行尝试。”

1934年6月，凯恩斯受哥伦比亚大学之邀访问美国，他由劳工部长珀金斯安排，会见了罗斯福总统。但这次会见的结果并没有预料的那么好，珀金斯在他写的回忆录《我所知道的罗斯福》一书中对这次会面做了记录。本来珀金斯希望凯恩斯能够把他的经济思想说得具体些，不要用数学公式推导，而用经济常识推理去说明问题，但凯恩斯却把“国民收入、公共和私人开支、购买力以及用公式推导的精细论点，通过数学方式进行表示”。由于只“谈了些玄虚的经济理论”，罗斯福认为他“留下一整套废话”，“他应该是一个数学家，而不是一个政治经济学家”。凯恩斯见罗斯福对他的理论颇为茫然，也对罗斯福感到失望。

也许凯恩斯和罗斯福的这次会面正预示了经济学家与政治家之间合作的困难。从这次会面来看，这种困难来源于表述方式，凯恩斯高估了罗斯福的经济学修养。经济学家与政治家之间的分歧还在于经济学家只是从经济本身来看问题，而政治家在制定政策时必须考虑到政治和社会等各种更为复杂的因素(实际上，经济学家并不是天真到认识不到非经济因素的存在，而是因为经济学研究是一种学术性的科学研究，这种研究是要告诉你，假如不考虑非经济因素的话，不同经济变量之间会呈现出一种什么样的关系。现有的经济分析技术还无法处理过于复杂的经济关系，更无法分析那些非经济因素，所以，在进行经济学分析时需要做出严格、苛刻的前提假设。——作者注）。

希克斯和阿尔文·汉森：凯恩斯思想早期的传播者和解释者

凯恩斯是20世纪最著名也是最有影响力的经济学家。由于凯恩斯对其经济思想的叙述经常是非常含糊不清的，并且留下了大量未展开或未充分展开的思想线索，这导致了凯恩斯的经济思想在他去世后的相当一段时间里成为学术界学术争论的一个重要主题，凯恩斯持有不同学术观点的追随者们都坚持认为自己对凯恩斯思想的理解才"真正"将凯恩斯的经济学思想准确地表达出来。英国的经济学家琼·罗宾逊、希克斯（1904—1989）和美国的经济学家阿尔文·汉森（1887—1975）[①]是凯恩斯思想在早期主要的传播者和解释者。二战以后，凯恩斯的追随者们通过对《通论》这部著作进行注释、补充和修订而发展起来的经济学理论被称为"后凯恩斯经济学"，并形成两大学派，一派是**新古典综合派**，一派是**新剑桥学派**。

希克斯1925年毕业于英国的牛津大学，1932年获得博士学

① 在美国，阿尔文·汉森在《通论》出版后不久就开始进行将凯恩斯的理论通俗化的工作，在理论上和政策上也对凯恩斯的理论做了一些补充和发展，例如他提出了"混合经济"的理论。

位，先后在英国的伦敦经济学院（1926—1938）、剑桥大学（1935—1938）、曼彻斯特大学（1938—1946）和牛津大学（1946—1952）任教，1971年退休。希克斯1972年“因为一般均衡理论和福利经济理论方面的创造性贡献”，被授予了该年度的诺贝尔经济学奖，他的“IS-LM分析模型”受到了西方经济学界很高的评价。希克斯的代表作有《工资理论》（1932）、《价值与资本》（1939）、《商业循环理论》（1950）、《资本与增长》（1965）、《经济史理论》（1969）、《凯恩斯经济学的危机》（1974）、《经济学中的因果性》（1979）等。

阿尔文·汉森出生于美国南达科他州的一个丹麦移民家庭，1918年获得了威斯康星大学的哲学博士学位，先后任明尼苏达大学和哈佛大学的经济学教授，曾任美国经济学会主席、美国—加拿大联合经济委员会主席、美国联邦储备委员会顾问。汉森还是一些著名经济学家的老师，埃弗西·多马、保罗·萨缪尔森、保罗·斯威齐和詹姆斯·托宾都是汉森的学生。由于汉森强烈地倡导政府干预以促进就业，主张给美国经济装上财政政策这个“凯恩斯方向盘”，以使美国的经济能够在充分就业的情况下平稳地运行，人们称他为“美国的凯恩斯”。汉森的代表作有《财政政策和经济周期》（1946）、《经济政策和充分就业》（1947）和《凯恩斯指南》（1953）。

第六节　一个经济学发展的新时代开启了

世界经济学研究中心的转移：从欧洲大陆到美国

从上世纪 50 年代到 60 年代末，是“凯恩斯主义宏观经济学”的盛行与发展时期。

在政策实践方面，战后西方主要市场经济国家普遍加强了政府对经济生活的主动性干预，凯恩斯主义得到了大力推行。从经济学自身的发展来看，1946 年凯恩斯去世标志着一个自亚当·斯密以来一直由英国人统治经济学思想领域的时代结束了，凯恩斯经济学在美国的传播代表着世界经济学研究的中心从伦敦和英国剑桥转移到了美国的芝加哥、波士顿的剑桥城（哈佛大学和 MIT）和伯克利的新时代的开启。在二战期间，大批欧洲优秀的经济学家来到美国的事实加速了这一时代的到来。这个新时代的来临既得益于美国在全球的经济地位，更得益于美国学术系统的巨大容量、开放性、思想自由度、学术界的包容性和大学制度的多样性，持不同学术观点的经济学家都能够在美国的学术界找到他们的栖身之所，特别是那些持有另类学术观点的学者。所以，美国具有特别适合经济学发展的肥沃土壤。在二战后，芝加哥大学逐渐成为正统的自由竞争市场经济学的

"圣地",耶鲁大学、哈佛大学和 MIT 逐渐成为正统的凯恩斯主义经济学家的"集散地",公共选择理论的"窝点"则是在弗吉尼亚大学,奥地利学派经济学家的大本营则设在了纽约大学和奥伯恩大学。

新古典综合派:萨缪尔森与《经济学》(1948)

随着一个伟大的剑桥经济学家的逝世,另一个伟大的美国剑桥经济学家——萨缪尔森崛起了。借助于数学工具在经济学研究中的系统运用,萨缪尔森成为第一个以科学家身份出现的经济学家,是他将"文字的经济学"变为"数学的经济学"。

以萨缪尔森为代表的凯恩斯主义经济学家将凯恩斯主义的宏观经济学与马歇尔的新古典经济学的微观经济学综合在一起,形成了"新古典综合派"。1970 年,萨缪尔森在出版他的第 11 版《经济学》教科书时将"新古典综合派"又改称为"后凯恩斯主流经济学",以此来命名他的《经济学》教科书所构建起的理论体系。1985 年萨缪尔森在《经济学》[①](第 12 版)中又将此书的

① 这本教科书是如此畅销和具有生命力,正如作者所说的,主流经济学说的历史学家们,像研究地球不同地层的骨骼和化石的古生物学家一样,会通过分析第一版如何被修订为第二版,最后又被修订为 14 版而确定经济思潮涨落的年代。见《经济学》,第 14 版,第 6 页。

理论体系改称为“现代主流经济学的新综合”。萨缪尔森对主流经济学创新成果的综合是经济学理论发展史上的第三次大综合，我国经济学者编写的现代经济学教材或西方经济学教材，几乎全部以萨缪尔森的《经济学》作为蓝本或参照物，这种情况只是在近些年才随着西方经济学教科书引进的多元化而有所改观。

萨缪尔森的代表作除了1947年出版的《经济分析基础》和1948年出版的《经济学》教科书以外，1958年与索洛和多夫曼合著的《线性规划与经济分析》一书为当时经济学界新诞生的计量经济学也做出了杰出的贡献。这部书成功地把价格理论、线性规划和经济增长理论结合起来。萨缪尔森于1966—1986年连续出版了五卷本的《萨缪尔森科学论文集》(1966,1972,1977,1985,1986)，共收录了388篇他撰写的学术作品。

萨缪尔森和他著名的经济学教科书

萨缪尔森(1915—2009)出生于印第安纳州的一个犹太家庭，后移居芝加哥。1935年20岁的萨缪尔森从芝加哥大学本科毕业，1941年获得了哈佛大学的经济学博士学位。在他的博士论文中，萨缪尔森主张经济学的主要阐述方法应该是运用数学语言而不是文字。1947年，这篇博士论文以《经济分析基础》为名出版。萨缪尔森将那时的经济理论描述为“一个肮脏的马厩，充满了继承来的冲突、重叠和错误”，认为应该用数学这个工具去清理肮脏的“经济学马厩”。

博士毕业后，萨缪尔森到隔壁的MIT经济系任教。1947年，萨缪尔森获得了首届“克拉克奖”，同时MIT升任其为正教授，萨缪尔森时年仅32岁。一年以后，萨缪尔森撰写的著名经济学教科书《经济学》的第一版问世了。这本教科书获得了巨大的成功，先后被译为四十多种文字，经历了半个世纪世界经济和经济学发展的风云变幻：和平与战争，繁荣与萧条，民主与专制，计划与市场，自由与管制。

不过围绕这本经济学教科书的不完全是赞美，也有非议。自由主义者抱怨书中存在着严重的社会主义倾向，指责其反市场、亲政府，甚至有批评家把凯恩斯主义与费边社会主义、马克思主义和法西斯主义相提并论，毕竟萨缪尔森在他的教科书中曾经预言过苏联的经济将超过美国。非常令萨缪尔森难堪的是，就在柏林墙拆除前不久的第13版《经济学》教科书中，萨缪尔森和诺德豪斯还自信而乐观地再次宣称，“苏联经济证明了命令经济也能够走向繁荣，这与怀疑论者早先的观点相悖”。但马克思主义者也不喜欢凯恩斯主义经济学，马克思主义者指责书中对资本主义未来的描述是反动的。据说在斯大林时期，萨缪尔森的《经济学》在图书馆里是和关于性的图书放在一起的,只有特权人士才有机会阅读。萨缪尔森曾经风趣地说,"你左脸被打时的疼痛会因右脸再被打一下而减轻"。萨缪尔森的经济学教科书基本上每隔三年就会修订一次,现在其他经济学教科书的作者们都在效仿这种做法。从1985年起,萨缪尔森开始与耶鲁大学的诺德豪斯合著这本《经济学》教科书。

萨缪尔森几乎得到了经济学界所有的荣誉:第一届"克拉克奖",第一位获得"诺贝尔经济学奖"(1970)的美国人,事实上也是真正"第一位"获得"诺贝尔经济学奖"的经济学家,当然是在礼节性地把1969年第一届诺贝尔经济学奖颁发给北欧的经济学家以后。此外,萨缪尔森还被选为美国经济学会的会长,被授予了许多大学的名誉学位和荣誉教授。

新剑桥学派

在英国,凯恩斯经济学传统的另一分支是新剑桥学派①,这个学派是作为新古典综合派的对立面而出现的,并且是在与新古典综合派进行学术论战的过程中逐步形成的,主要代表人物

① 之所以叫新剑桥学派,是因为该学派的主要代表人物都是在英国的剑桥大学任教,而他们的理论又是以叛离剑桥学派为特征,所以叫新剑桥学派,他们与新古典综合派的论战被称为"两个剑桥"之争,因为萨缪尔森所在的MIT在美国马萨诸塞州剑桥市附近。

有琼·罗宾逊、斯拉法、卡尔多和帕西内蒂等。新剑桥学派强调凯恩斯经济理论和新古典综合派之间的对立，反对新古典综合学派将二者综合起来的做法。这个学派也被称为凯恩斯左派或后凯恩斯主义学派。

新剑桥学派比较关注收入分配问题，把实现收入的均等化作为其首要的政策目标。具体的政策主张包括：提高累进税率以改善社会不同阶层收入分配不均等的状况；实行高额的遗产税与赠与税以缓解私人财富大量集中的状况；增加在教育和培训方面的预算支出以提高低收入者的收入水平；根据实际的经济增长率来制定非市场部门雇员的实际工资增长率；实行进口管制和出口鼓励以增加就业，提高工人的收入水平；政府运用财政预算中的盈余来购买私人公司的股票，以抑制食利阶层的收入。

皮罗·斯拉法，1898年出生于意大利的都灵，是一位法律教授的儿子。斯拉法从1927年起到剑桥大学的“三一学院”做教师直到1983年去世，是一名意大利籍的英国经济学家，也是“新剑桥学派”的代表人物之一。在剑桥大学，斯拉法影响了多布、琼·罗宾逊等一大批人。斯拉法从1930年开始编辑李嘉图的著作，这一工作一直持续了1/4个世纪，在编辑工作的最后阶段，斯拉法请来马克思主义经济学家多布做他的助手，在1950—

1955年间,十卷本的《大卫·李嘉图著作和通讯集》终于先后问世了。1960年,斯拉法出版了他的代表作《用商品生产商品》,这本书耗费了他近40年的时间。在他的这本代表作里,斯拉法试图以精练的文字和严谨的逻辑重新恢复李嘉图的价值理论和分配理论。

第 5 章　奥地利学派、弗莱堡学派和瑞典学派

【奥地利】弗里德里克·A. 哈耶克

(1899—1992)

■ 奥地利学派在 20 世纪前半叶的发展

■ 弗莱堡学派和瑞典学派

直到战后，米塞斯仍然是维也纳大学的一位无薪讲师，这与米塞斯坚定不移地、毫不妥协地反对经济计划和政府干预，倡导自由主义、个人主义的“激进”行为有直接的关系，因为米塞斯生活的那个年代正是计划经济、经济计划、赤字性财政政策和形形色色的政府管制最富有吸引力的年代。

在这样的一个时代里，米塞斯扮演着一个自由经济毫不妥协的、孤独的捍卫者的角色，这就注定了他的学术生涯必定是异常崎岖和坎坷的。

熊彼特一生的感情生活颇为传奇，像一部电视肥皂剧。据说熊彼特一生有三个目标：成为世界上最伟大的情人、最伟大的骑士和最伟大的经济学家。熊彼特至少实现了他 2/3 的人生目标。

二战后，哈耶克主要以一位法律学家、政治哲学家、自由的无畏捍卫者，以及经济计划、中央集权、社会主义以及形形色色的政府干预和经济管制的毫不妥协的批评家而闻名于世。

在冷战岁月中，哈耶克用他的著作和文章为传统的自由主义筑起了最为复杂和坚固的防御工事。事实上，哈耶克更多地是以其极端的经济自由主义而不是他对经济学做出的理论贡献而闻名于世。

哈耶克一直非常关注学术思想和学者对社会的影响力，但他认为一个思想家应该通过他的思想来影响公共舆论和公共政策，而不应该通过与权力的合作，试图在这种合作中更加“直接、有力”地影响世界。

第一节　奥地利学派在20世纪前半叶的发展

奥地利学派的创始人是门格尔，门格尔的继承者是第一代现代经济学家的代表人物维塞尔和庞巴维克。该学派的第二代经济学家中最具代表性的是米塞斯和熊彼特，第三代经济学家中的代表人物有哈耶克、摩根斯坦、马克卢普以及保罗·R.罗丹和哈伯勒等。

米塞斯与他的《人类行为》(1949)

米塞斯(1881—1973)，出生于奥匈帝国的伦贝格，现在属于乌克兰，他的父亲是一位建筑工程师。米塞斯大学毕业于维也纳大学，1925年获得了法学博士学位，1912年出版了他的代表作《货币与信用理论》，这部著作帮助他谋得了维也纳大学的一个无薪的兼职讲师的职位。直到一战后，米塞斯仍然是维也纳大学的一位无薪讲师，这与米塞斯坚定不移地、毫不妥协地反对经济计划和政府干预，倡导自由主义、个人主义的"激进"行为有直接的关系，因为米塞斯生活的那个年代正是计划经济、经济计划、赤字性财政政策和形形色色的政府管制最富有吸引力的年代，在这样的一个时代里，米塞斯扮演着一个自由经济毫不妥协的、孤独的捍卫者的角色，这就注定了他的学术生涯必定是崎岖和坎坷的。

1940年，米塞斯移民去了美国，但始终没有找到一份全职有薪的教职，最后成为了纽约大学的客座教授，薪水由沃克基金会赞助。1949年米塞斯出版了他最长的著作《人类行为》。

约瑟夫·A.熊彼特和《经济发展理论》(1912)

约瑟夫·A.熊彼特(1883—1950)，美籍奥地利经济学家，奥地利学派中的“坏孩子”。熊彼特和凯恩斯一样出生在马克思去世的那一年，这也许就是他为什么相信“中央集权式的社会主义是自由企业资本主义一个很有希望的继承者”的原因，转世轮回的信仰者也许会认为他们是马克思变的。

熊彼特于1901—1906年在维也纳大学法律系学习，在校学习期间深受庞巴维克经济思想的影响。1906年熊彼特获得了博士学位，后到英国游学。熊彼特24岁时，吸引了比他大12岁的茜芭，两人很快坠入情网而结婚。1907年，他与夫人到埃及开了一家律师事务所。在埃及，熊彼特把英国女王地产的租金减少了一半，却使女王的收入翻了一番，充分显示出了一个经济学家杰出的理财能力。在这一阶段，熊彼特出版了他的第一部经济学著作《理论经济学的本质与内容》，这部著作使他成为了欧洲经济学界的名人。1909年熊彼特回到了奥地利，在格拉兹大学任教，并于1912年出版了他最重要的学术著作——《经济发展理论》，正是在这本著作中，他提出了奠定他一生事业基础的“创新理论”。

熊彼特所说的“创新”指的是“企业家对生产要素的新组合”，这包括：引进了一种新的产品或提供了一种产品的新质量；采用了一种新的生产方法；开辟了一个新的市场；获得了一种原料或半成品的新的供给来源；实行了一种新的组织形式，例如，建立或打破了一种垄断地位。熊彼特特别强调，创新并不等于发明，一种发明只有在应用于经济活动并获得成功时才能算是创新。创新者不是实验室的科学家，而是有胆识、敢于承担风险又有组织才能的“企业家”，他们才是资本主义真正的英雄。企业家进行创新的动机与经济学人行动的动机不同，他们不是追求利益的最大化，而是“……梦想……征服的欲望……创造的激情……发挥个人能力和才智的快乐”。[①] 并不是所有的企业领导者、管理者都是企业家，他们中的许多人是在从不尝试新思想或者新的做事方式的情况下经营企业的，企业家是那些引入创新的人，他们引入新的产品、新的生产过程、新的企业组织形式、使

---

① ［意大利］阿列格桑洛・荣卡格利亚：《西方经济思想史》，上海社会科学出版社，2009年8月，第一版，第356页。

用新的原材料或者进入新的市场，他们能够把握被其他人忽视的机会，能够通过他们自己的想象力和洞察力创造机会。企业家也不是风险的承担者，承担风险的是股东，但股东是资本家而不是企业家。

在一个静态体系内，资本、人口、技术和生产组织都不变，竞争的结果是价格等于成本，没有利润。这样的社会是停滞的。在动态社会里，企业家创新者利用新技术、新方法，提高效率，使成本低于价格而获利润。创新总是先由个别人进行的。创新活动所得到的利润会鼓励其他人模仿，从而形成创新的浪潮。这时，整个社会的生产率水平就会提高，社会就进步了。

熊彼特把资本主义经济的发展过程看作是一个“创造性的毁灭过程”，创新活动会引起企业之间分享创新利润的竞争。在这个竞争的过程中，守旧的企业会被淘汰，另外一些企业则会诞生，还有一些企业会不断发展壮大起来，这就是“创造性毁灭”的含义。

熊彼特认为，从长期来看，完全竞争市场结构的效率不如垄断，因为任何创新都会被过多的企业迅速地模仿，以至于创新者得不到应有的收益，而垄断更有利于创新活动的开展。熊彼特认为，人们之所以对垄断深恶痛绝，是因为对历史上形成的一种成见的简单继承。实际上，真正的长期垄断的事例比完全竞争的事例还要罕见。除非行政性垄断，任何得自创新和竞争的垄断都是暂时的，因为垄断利润会为企业家进行生产新产品、发现新的生产方法等方面的创新活动提供强有力的激励，这些创新会最终毁灭掉现有的垄断力量，连续不断的创新注定将使任何经济垄断都只能是暂时的。个别企业在短期内拥有一定的垄断地位，不仅不是经济发展的阻碍因素，反而是创新活动产生和经济发展的必要前提条件，历史上经济快速发展、群众性消费活动的出现都是与人们常说的大型垄断企业并行的。只要在没有技术进步、需求和成本状态固定不变的、静态的经济条件下，垄断才会造成高成本、高价格和低产量、低质量。而在资本主义不断发展的创造性毁灭过程中，伴随着创新和对创新的垄断，是技术的进步，新需求的产生和增长，成本的不断降低。创新者在短期内获得的垄断利润是对创新者的奖励，否则，创新活动就不会出现。因此，政府没有必要去打破或限制某个行业中存在的得自创新和竞争的垄断势力。

熊彼特一生的感情生活颇为传奇，像一部电视肥皂剧。据说熊彼特一生有三个目标：成为世界上最伟大的情人、最伟大的骑士和最伟大的经济学家。熊彼特至少实现了 2/3 的人生目标。

1914 年一战爆发前夕，熊彼特把茜芭送回英国，他们的婚姻在事实上结束了，但他们并未正式离婚。经过一系列的婚外情后，熊彼特喜欢上了一个12岁的姑娘，她是母亲看门人的女儿。他安排这个叫安妮的女孩接受教育并让她在达到婚龄时与自己结婚。1922年，熊彼特与22岁的安妮结婚，但安妮1923年就死于了难产。1919年熊彼特担任了奥地利政府的财政部长，但由于主张君主制和自由企业资本主义，反对左翼政府的工业社会主义设想，担任财政部长几个月后就被驱逐出政府了。辞职后的熊彼特重新回到了大学，但在1921年他辞去了经济学教授的职务，担任一家小型私人银行的总经理。这家银行于1924年倒闭，熊彼特失去了他几乎全部的地产和储蓄。之后他又重新回到了校园，担任波恩大学的经济学教授，直至1932年迁居美国，担任哈佛大学的教授。

1937年熊彼特与经济学家伊丽莎白·波蒂结婚。两年后，熊彼特出版了两大卷一千多页的《经济周期：资本主义过程之理论的、历史的和统计的分析》(1939)一书，他在书中提出了以“创新理论”为基础的经济周期理论。熊彼特认为，经济周期是由创新活动引起的原有均衡的破坏和向新的均衡的过渡，并不是什么社会灾难。创新普及之后赢利机会就会自然消失，在新的创新没有出现之前，经济就会由于对银行信用和生产资料需求的减少而引起衰退，直至因为另一次创新的出现而再次繁荣。经济周期正是由创新所引起的繁荣和衰退这两个阶段的交替而形成的。

1942年，在熊彼特最孤立和最沮丧的时期他出版了《资本主义、社会主义和民主》一书，在书中他提出垄断在技术上是具有优势的"熊彼特假说"和资本主义必然崩溃的论点，熊彼特在这本书中充当了社会主义辩护者的角色。这本书立刻成为了全球畅销书，被翻译成包括中文、波斯语、朝鲜语和印地语在内的16种文字。在这本书中熊彼特认为，资本主义所获得的巨大成功将使其自己不可避免地成为自己的掘墓人，因为官僚主义的管理者将会替代创新的企业家，而运行良好的社会主义的经济效率将高于资本主义。随着资本主义的发展，当体现了资产者精神特征的成本收益分析进入了资本家的家庭生活之后，资本家的家庭就会因为子女的减少而逐渐解体，这就导致他们失去积累资产的动力。此外，公司所有权和经营权的日益分离也使公司的所有者逐渐丧失了对公司物质资产的责任感，从而逐渐丧失了捍卫公司控制权的意志。资本主义就这样将会因为资本主义的成功而逐渐走向最终的崩溃。

1937—1941年，熊彼特担任了美国经济计量学会的会长，1948—1949年任美国经济学会的会长。熊彼特在1949年12月的最后一周召开的美国经济学年会上做了《长驱直入社会主义》

的会长演讲，在这次演讲中熊彼特说道："资本主义秩序将会自我毁灭，而中央集权的社会主义显然是一个很有希望的继承者……现代社会要求的是保障、平等和监管，而不是企业家精神。"

1950年熊彼特去世，他的妻子在瓦西里·里昂惕夫、保罗·斯威奇等朋友的帮助下用几年的时间替他整理出版了三卷本的《经济分析史》(1954)，这是熊彼特用了九年的时间写成的著作。熊彼特的妻子还把他以前写的一些论文编辑成《从马克思到凯恩斯》一书出版。

弗里德里希·哈耶克和《通往奴役的道路》(1944)

弗里德里希·哈耶克(1899—1992)，出生于奥地利的维也纳，是一位植物学教授的儿子。1921年哈耶克获得了维也纳大学的法学博士学位，1923年获得维也纳大学的政治学博士学位。1927年，哈耶克成为了刚刚成立的研究经济周期的奥地利经济研究所的所长。从1929年到1931年，哈耶克是维也纳大学经济学专业的"私人讲师"，这是一个不领薪的职位，哈耶克希望最终能够获得一个全职教授的职位。1931年哈耶克移居英国，任伦敦经济政治学院教授，并于1938年加入了英国的国籍。1943年哈耶克又获得了伦敦大学经济学博士学位，并被选为英国科学院院士。1944 年哈耶克出版了《通向奴役的道路》，这是一部针对苏联和纳粹德国而撰写的学术著作。哈耶克把纳粹看作是社会主义的一种形式。1947 年 5 月发起成立了自由主义学术团体“朝圣山学社”，1948 年出版了《个人主义与经济秩序》。

二战后，哈耶克主要以一位法律学家、政治哲学家、自由的无畏捍卫者，以及经济计划、中央集权、社会主义以及形形色色的政府干预和经济管制的毫不妥协的批评家而闻名于世。在冷战岁月中，哈耶克用他的著作和文章为传统的自由主义筑起了最为复杂和坚固的防御工事。事实上，哈耶克更多地是以其极端的经济自由主义而不是他对经济学做出的理论贡献而闻名于世。1950 年，哈耶克离开英国到美国的芝加哥大学任教，但不是作为经济学教授，而是作为社会思想委员会的社会与道德教授，他的薪水和米塞斯一样由沃克基金会赞助。在此期间，哈耶克除了每年冬季讲授一门“西方经济思想史”的课程和指导研究生外，其余时间都致力于建构自由哲学的完整体系，并正式开始着手写作《自由宪章》，这本书最终于 1960 年出版。

哈耶克 1962 年返回欧洲受聘于德国的弗莱堡大学，任经济学终身教授，1969 年在退休后回到了奥地利，任萨尔茨堡大学教授。1988 年，哈耶克出版了他的最后一部著作——《致命的自负：社会主义的谬误》。1992 年哈耶克在德国去世。哈耶克一生中曾经三次到访过我国的台湾地区，分别在 1965、1966 和 1975 年。

1974 年，在米塞斯去世一年后哈耶克被授予了诺贝尔经济学奖，只是他不得不与瑞典的凯恩斯主义学者、对于哈耶克来说就是“社会主义者”的缪尔达尔分享此奖。这个奖也可以看作是授予哈耶克的老师米塞斯的，米塞斯的一生总是那么的不走运。

瑞典皇家科学院在诺贝尔经济学奖的颁奖公告中指出，哈耶克对不同经济制度效率的分析是他对广泛意义上的经济研究所做出的最重要贡献之一。哈耶克的经济自由主义思想主要表现在两个方面，自由竞争的市场经济制度之所以能够在效率上优于其他制度的根本原因，通过揭示集体主义制度在经济上的非效率和政治上的不民主来反证自由竞争的私人企业市场经济制度的合理性。哈耶克认为，经济上的自由主义是个人主义在经济上的必然结论，任何人或任何组织所能够获得的信息都是有限的，都不可能获得完备的知识。在信息的拥有上，每个人都具有某种比较优势，掌握着可以利用的独一无二的信息，而不同的经济决策需要的是不同的信息。而且，社会科学知识和自然科学知识不一样，它包含了大量的主观因素，具有对时间和地点的强烈的依赖性。这样，经过收集和整理的信息往往就失去了它的决策价值。因此，只有允许个人在统一的规则下自由地追求自己的经济目标时，这些知识才能够被充分地利用。信息的分散性决定了决策的分散性。所以，我们应该在制度安排上给分散的个体以充分利用自己所掌握的信息的机会和空间。集中计划只适用于比较简单的经济分工情况，现代经济的复杂性使集中计划管理成为不可能，使分散决策成为不可避免。

在计划经济条件下，计划部门的错误决策所造成的损失大大严重于市场经济条件下的经济危机和经济萧条所带来的损失，而且这些损失被平均分摊在每一个社会成员身上。至于在计划经济条件下有时能比在市场经济条件下更好地实现特定目标的问题，如举全国的经济力量举办一场奥运会，哈耶克认为这不过是将经济资源集中于某个特定目标的结果，并不代表计划经济的优越性。相反，这表明经济资源被政府的行政手段错误地配置了，被浪费了，这个国家的整个经济系统将会由于这些特定目标的实现受损，因为这类政府强行配置资源的干预行为大大降低了资源的配置效率。哈耶克强调了自己所倡导的自由主义指的是尽可能地利用竞争的力量来协调人类的经济行为，而不是听任事物自生自灭的无政府主义。政府不应扮演一个被束缚住手脚的旁观者，而应该采取各种积极的行动创立和维持能够保证有效竞争的制度体系。

在民主制度条件下，人民可能会一致同意授权议会拟订一个全面的经济计划，然而，人民或其代表们未必就会因此而同意任何一个具体的全面的经济计划，就好像大家都同意出去旅游，但在具体的旅游线路和预算上却可能无法达成一致同意或多数一致。民主制度的这种无能不是民主制度的缺陷，而在于可供选择的方案的多样性和多数同意原则。所以，很难会有哪一个全面的经济计划方案能够取得决定性的多数同意，最终的结果必然是把一个少数集团的意志强加于全体人民，因为这个少数是能够取得一致意见的最大集体。所以，民主制度和全面计划之间是充满矛盾的，要保持民主原则就无法制定出能够获得多数人一致同意的全面计划。

哈耶克认为，集体主义和法治也是不相容的。真正的法治应该包含两层意思，政府的行为也应像个人一样受到事前规定并宣布的规章的约束，法律本身应该对任何人都是不偏不倚的。法治和合法是完全不一样的，法律可以授予政府或某个群体为所欲为的权力，这时他们的行为无疑是合法的，但这不是法治。实行法治就要限定立法的范围，把这个范围限于对所有人都适用的一般规定上，限于对政府行为做出一般性的事先规定上。哈耶克认为法治只有在私有制和竞争制度下才能够实现，这是因为为了制定全面的计划并执行它，就必须赋予计划当局以随机做出决策的法律权力，而且这些决定不可能从事先给定的正式原则或规则中推导出来。这样,计划当局就必须像一个专制者那样,按照自己的偏好或最高领导集体的偏好根据具体情况做出他们认为合适的选择。法律一旦成为服务于政府的工具而不是约束政府的力量,政治专制就不可避免了。

集体主义与法治不相容的第二个原因是计划当局必须为不同的人规定不同的待遇,而不是给他们提供相同的机会。计划当局必须对各个集团的利害予以相互权衡,以决定哪些集团的利益更重要,应该被优先考虑,而且这种等级差别必须成为国家法律的一部分强加于人民身上,这实际上就回到了人治的局面,一种法治形式下的人治。在集体主义全面计划的条件下,由于政府要做的事情太多太具体,太需要因时、因地、因人、因事而异,从而使政府无法按事前规定的法律规则行事,从而必然导致领导的独裁和专制。同时,在自由竞争的市场经济条件下由竞争的自发力量所决定的各种人的经济差异,在全面计划的条件下就必须由计划来决定了。这时,法律将不再是普适的而是特适的了。这样,法律、法规和政策就无法对所有的人保持不偏不倚,从而导致人治。①

哈耶克认为,私有制基础上的自由竞争市场经济是个人自由最可靠的保障。自由主义者所说的自由指的是选择的自由,

---

① 陈实:《政府之谜》,学苑出版社,1989年第一版,第50—65页。

摆脱他人控制的自由，社会主义者所说的自由则是强调免除贫困的自由。在市场经济条件下，任何私人雇主都无法控制无产者个人的全部生活，而在公有制条件下，国家控制了全部的生产资料，从而也就控制了个人的全部生活，因为国家所拥有的权力是任何私人雇主所不曾拥有过的。即使个人保留了在私人消费方面进行选择的自由，但由于政府控制了全部的生产活动和不同消费者之间的消费数量与质量方面的等级，从而也就间接地决定了哪些需求可以得到满足，哪些需求得不到满足，消费者的选择自由在实际上丧失了。由于一个人的大部分时间是在工作，所以，职业上的选择也许比消费方面的选择更有助于个人幸福的实现，但在集体主义制度下，个人的择业自由也丧失了。这样，失去选择自由的个人就成为特权阶层手中以实现社会主义、社会利益、社会福利或某种政治口号等抽象目标的名义而控制的工具了。

哈耶克认为，市场经济条件下私人垄断问题被严重地夸大了，真正"自然"的垄断极其罕见，只要国家不限制产业的进入自由，垄断者的行为就会受到有效的限制，市场的竞争性就能够得到保证，根本不必在意企业的规模和数量。政府的作用应该在于保障自由竞争、制裁企业不正当的竞争行为、清除政府自己制造的垄断。

哈耶克认为，自由选择的确是需要付出一定代价的，许多人反对自由社会，实际上反对的并不是自由社会所提供的选择自由，而是试图通过实行全面的经济计划来免除自由选择所不可避免地产生的代价，同时享受全面计划所产生的物质财富，毫无疑问，这只能是一种幼稚的幻想或空想。经济学常识告诉我们，在计划经济条件下，我们可以幻想到的最好情况是和自由竞争的市场经济保持同样的效率，也就是说即使是幻想，我们也无法想象计划经济能够比市场经济效率更高。

哈耶克一直非常关注学术思想和学者对社会的影响力，但他认为一个思想家应该通过他的思想来影响公共舆论和公共政策，而不应该通过与权力的合作，试图在这种合作中更加“直接、有力”地影响世界。他认为如果一个思想家致力于创造知识而不是从政，他将会做出更大的贡献。1944年2月23日，哈耶克在剑桥对伦敦经济学院的学生们发表了《论成为一名经济学家》的演讲，在演讲中他说道：研究社会问题的学者不应当直接追求“当下”的轰动和对社会公众的影响，而为了“做好事”企图通过权势获得影响力，正是学者们在思想上不断妥协的根源之一。

哈耶克的主要著作有《货币理论与经济周期》(1929)、《物价与生产》(1931)、《货币的国家主义与国际稳定》(1937)、《利润、利息与投资》(1939)、《资本的纯理论》(1941)、《通向奴役的道路》(1944)、《个人主义与经济秩序》(1948)、《自由宪章》(1960)、《哲学、政治学与经济学研究》(1967)、《货币的非国有化》(1976)、《致命的自负:社会主义的谬误》(1988)等。

哈耶克与“朝圣山学社”

“朝圣山学社”于1947年由弗里德里希·哈耶克发起创立,这是一个由学者、商业领袖、政治家和其他一些推崇传统自由主义的人所组成的国际性组织,该组织倡导在开放的社会中推行自由主义的经济政策和政治价值观,信仰个人自由和民主制度的价值,反对任何形式的极权主义。学社的名称来源于学社成员的首次集会地“朝圣山”,这是瑞士的一个著名度假胜地。

在上世纪三四十年代,正是自由市场经济饱受怀疑、厌恶和抛弃,政府管制、国有化、经济计划备受追捧的一个时期,自由主义陷入了空前的危机之中,世界有不断走入专制主义黑暗年代的巨大危险。1944年,哈耶克在完成了《通往奴役的道路》以后,到美国旅行。在旅行途中,他萌发了邀请散居在世界上不同国家日渐孤立的自由市场经济的坚持者们到瑞士的朝圣山集会进行思想交流、以推动自由主义在全世界逐步走向复兴的念头。

1947年4月1日,来自十个国家的39位学者(其中大部分为经济学家,亦有历史学家、政治学家和哲学家)在哈耶克的邀请下在瑞士的朝圣山集会，讨论时局、古典自由主义的命运以及如何应对社会主义和凯恩斯主义席卷全球的悲观局面。被邀请者包括亨利·西蒙(后成为米尔顿·弗里德曼的导师)，美籍前费边社成员沃尔特·李普曼，维也纳亚里士多德学会会长卡尔·波普尔，奥地利学派经济学家米塞斯，约翰·克拉彭爵士(英格兰银行高级官员，1940—1946年间曾担任英国皇家协会主席)，奥托·冯·哈布斯堡(哈布斯堡家族的末代皇储)，马克斯·冯·图勒恩和塔克西(有着400年历史的图勒恩和塔克西家族巴伐利亚分支的领袖)。会议一直持续了十天，哈耶克被选为学社的首任主席，并在其后的12年中一直担任这一职务。经济学家弗里德曼在1970—1972年间也曾担任过这个学社的主席。

哈耶克在朝圣山学社首次集会的致辞中说："我很惊讶地发现，不少人士虽然独处各地，却研究着在本质上同样的问题，并采取了极其近似的理路。然而他们孤立地或在很小的团体中进行着探索，常常被迫捍卫其信念的基本原理，而很少有机会就一些更具体的技术性问题交换意见，而唯有形成某种共同的信念和理想基础，才能展开这种研究。"[①]"对我本人而言，召开这样的一次国际代表会议的需求特别殷切，不仅是因为战争持续了如

① 原文见 Friedrich Hayek, "Opening Address to a Conference at Mont Pelerin," *Studies in Philosophy, Politics and Economics*. Chicago: University of Chicago Press, 1967。

此长时间打断了我们之间的正常联系，也因为战争不可避免地在我们绝大多数人中间创造了某种自我中心主义和民族政策的世界观，而这与解决我们所面临的问题的真正自由主义的理路是背道而驰的。”

由于第一次集会的成功，与会者同意今后继续召开这样的会议，于是他们就创建了一个常设的学会——“阿克顿—托克维尔学会”，后更名为“朝圣山学社”。1947 年 11 月 6 日朝圣山学社正式成立，并在此后一直进行有规律的集会，通常在每年的 9 月。

学社创立时对外发表的《关于目标的声明》清楚地说明了学社所追求的目标。

“我们这些来自欧洲和美国的经济学家、历史学家、哲学家和其他公共事务的研究者……对我们这个时代所面临的危机展开了讨论。我们……就一系列目标达成了共识，特声明如下：

人类文明的诸核心价值目前正处于危险之中。在这个地球上的广大地区，维系人的尊严和人的自由的根本条件已荡然无存。在其他一些地方，这些基本条件也处于当前政策取向的威胁之下。专断权力的扩张正日益严重地侵蚀着个人和自愿性社群的核心地位。甚至西方人最为珍视的财富，即思想和表达的自由，也遭到某些信条之扩散的威胁，这些教条在其处于少数地位时声称享有被社会宽容的特权，但它们千方百计欲获取权力，以使他们可以压制和扼杀与自己观点不合的所有观点。

本学社成员认为，这些趋势是随着某种否认一切绝对的道德标准的历史观的发展及种种质疑法治之可取性的理论的发展而逐渐出现的。本学社成员还认为，这些发展趋势也是随着人们对私有财产权和竞争性市场的信念之式微而形成的；因为如果没有这些制度所保障之分散的权力和广泛的创造精神，我们无法设想一个社会能够有效地保有个人自由……

本学社不会进行宣传，不企图创造某种正统，不会结党，也不会与任何一个或多个政党结盟。其唯一目标是推进那些有志于加强自由社会之原则和实践、并研究市场导向之经济体系的运转方式及其优劣的志同道合的学者进行观念交流。”

作为一个自由主义的学术团体和国际性的组织，自创立以来朝圣山学社就一直处于国际智囊团活动的焦点位置。但朝圣山学社的集会通常并不向公众和媒体开放，因为组织者担心对社会开放会影响到思想的自由交流。朝圣山学社的成员多为各个领域有国际影响力的杰出人士。如前西德总理艾哈德、意大利总统鲁伊奇·伊诺第、美国联邦储备委员会主席亚瑟·伯恩斯、美国国务卿乔治·舒尔茨、英国外交部长杰弗里·豪、意大利国防部长安东尼奥·马提诺、智利财政部长卡洛斯·卡瑟斯、新西兰财政部长鲁斯·理察森和捷克总统瓦茨拉夫·克劳斯等。朝圣山学社先后有八位成员获得了诺贝尔经济学奖,他们是哈耶克、米尔顿·弗里德曼、乔治·斯蒂格勒、莫里斯·阿莱斯、詹姆斯·布坎南、罗纳德·科斯、加里·贝克尔和弗农·史密斯。罗纳德·里根总统1980年竞选顾问团的76名经济顾问中有22位是朝圣山学社的成员。2008年,来自中国大陆的世界银行经济学家邹恒甫当选为学社的首位中国成员。

第二节 弗莱堡学派和瑞典学派

德国的弗莱堡学派

在新历史学派之后,德国20世纪30年代又逐渐形成了经济学上的弗莱堡学派。这是一个经济自由主义学派,在二战以后的联邦德国盛行一时,成为联邦德国政府制定经济政策的理论依据。而在此之前,主张政府应该积极干预市场经济运行的历史学派一直是德国经济学界的主流。

弗莱堡学派在战前的主要代表人物和理论奠基者是德国经济学家**瓦尔特·欧根**(1891—1950)。1937年,欧根和其他一些经济学家编辑的新自由主义丛书《经济的秩序》的出版标志着这一学派的形成。欧根从1927年起就在弗莱堡大学担任教授,主要著作有《德国货币问题批判的分析》(1923)、《资本理论研究》(1934)、《国民经济学基础》(1940)以及在他去世以后出版的《经济政策原理》(1952),前者比较集中地体现了他的新自由主义经济理论和思想。

德国纳粹上台后,反对国家干预、倡导经济自由的经济学家要么逃亡国外,要么投靠了纳粹,弗莱堡学派处于涣散的状态,对纳粹德国的经济政策不可能再发生什么影响了。直至二战结束后,德国重新获得了学术自由和思想自由,这一学派才又重新获得德国经济学界的主流地位和政府部门的推崇。从 1948 年起,以欧根为中心的一些弗莱堡大学的经济学教授们创办了一本名为《奥尔多:经济与社会秩序年报》的学术杂志,来宣传经济自由主义思想,所以,该派也被称为德国的**奥尔多学派**。

弗莱堡学派在战后的西德之所以能够成为主流与正统,一方面与德国人民和世界人民对法西斯在政治经济方面的集权统治所带来的灾难性后果有了切肤之痛有关。人民渴望重新获得经济和政治自由,同时,新自由主义的弗莱堡学派在强调自由竞争、自由选择和自由贸易的同时又强调了国家的作用,对于一个被国家主义长期统治的民族来说,社会市场经济显然比自由市场经济更易于被接受。另外一方面,西德选择了民主自由体制,而自由与民主被看作是独裁与专制的天然敌人,因此,倡导自由与民主的新自由主义经济学说自然就成为了战后联邦德国的主流经济学说。

艾哈德是弗莱堡学派的另一个代表人物。在1949—1963年期间，艾哈德一直担任联邦德国的经济部长，在1963—1966年期间担任政府总理，组织和领导了整个联邦德国经济的恢复与发展，成了联邦德国“经济奇迹”的化身，与阿登纳总统一起被称为“德国复兴之父”。在艾哈德的领导下，联邦德国在1950年的工业生产水平就恢复到了1936年的水平，1966年就成为了世界第二大出口国。

弗莱堡学派的新自由主义经济理论也被称为“**社会市场经济理论**”。所谓的社会市场经济可以理解为综合了市场经济和计划经济优点的、有适度管理的市场经济，政府积极、有限、适度、适当、有效的干预是立足于完善市场经济而不是取代市场经济。社会市场经济是一条介乎于命令经济和自由竞争市场经济之间的第三条道路。这种市场经济强调国家作用的有限发挥，反对国家的全面统治，注重通过社会保障来缩小个人收入分配方面的贫富差别，实现全民的富裕与幸福，通过国家的适当干预来减缓经济的波动，限制垄断的力量，促进竞争，实现国家的繁荣和富裕。弗莱堡学派把自由放任的市场经济看作是“野生植物”，相应地把他们倡导的社会市场经济比作“人工培育的植物”，认为社会市场经济能够结出比野生植物更大的果实。

弗莱堡学派认为，私有制和自由竞争是保证社会市场经济基本目标的最基本和最有效的手段。没有私有制，就没有经济自由，自由竞争就无从谈起，经济的发展在根本上取决于一个社会中创业精神的有无与大小，取决于人民是否能够抓住一切发展机会去创造财富，实现自己的理想，证实自己存在的价值，取决于人民能不能承担风险对自己的命运负责。只有当所有人的聪明才智都能够得到充分的发挥时，这个社会才能够实现繁荣与进步。国家一旦掌握了全部或大部分的经济力量就具备了破坏自由民主秩序的能力，在这种情况下国家很容易成为自由与民主的敌人，并最终导致个人失去独立、个性和自由。这时，政府官僚全面控制了人民的生活，人民无法对自己的命运负责，都力求安全与稳定，消沉并逃避责任，成为没有头脑、依赖国家的臣民。

联邦德国在一片废墟上仅用20年的时间就成为了世界经济强国的事实其实不过是说明了有保障的经济自由的威力，联邦德国的管理者并没有掌握什么秘密科学。各国的经济增长历史都说明，只要能够创造一种使人人都有机会自由发挥自己创造力的环境，任何民族都有机会步入繁荣之途。

瑞典学派

瑞典学派又被称为**北欧学派**或**斯德哥尔摩学派**，19世纪末至20世纪初的瑞典经济学家**维克塞尔**(1851—1926)是这一学派的主要奠基者，瑞典和挪威等国的现代著名经济学家几乎都是出自他的门下。缪尔达尔曾说过："在瑞典我们是在维克塞尔的传统中长大的，凯恩斯的著作是作为沿着熟悉的思想方法、有趣而重要的文献被阅读，而不是作为革命性的突破被阅读。"①

的确如此。在1933年，瑞典的社会民主党政府就采取了以扩大公共事业投资为核心内容的扩大总需求政策，这一政策被称为"凯恩斯之前的凯恩斯政策"。此外，瑞典学派还制定了"长期财政预算平衡制度"和"投资税与投资基金制度"，以在繁荣时期控制民间投资支出，萧条时期促进民间投资支出。林德贝克把这两项政策称为瑞典在经济政策方面的两大发明。所谓的投资基金制度，指的是在经济繁荣时期企业将其部分利润以基金的形式冻结在中央银行的特别账户中，在萧条时期如果企业用这笔资金进行投资可以获得减税的优惠。

维克塞尔和庞巴维克以及维塞尔是同时代的人，但他的经济学家生涯开始得比较晚，在1890年开始从事大学教师的职业以前，他先后从事过自由职业演讲者、记者等职业，他对关于家庭、宗教、祖国和国家权威等传统观念的挑战引起了广泛的敌

---

① 见缪尔达尔，"经济学发展中的危机和循环"，载自《现代国外经济学论文选》(第一辑)，商务印书馆，1979年版，第481—482页。

意，激进的态度使他的学术生涯非常坎坷，1905年才在激烈的争议中成为了瑞典大学的一名全职教授。维克塞尔的代表作是《价值、资本与地租》(1893)、《利息与价格》(1898)和《国民经济学讲义》(上、下)(1901—1906)。

20世纪20—30年代是瑞典学派的形成时期，**缪尔达尔**(1898—1987)1927年写成的博士论文《价格构成和变化因素》被认为是该学派形成的标志。与缪尔达尔同时期的林达尔(1891—1960)、俄林(1899—1979)、伦德堡(1907—1995)也是这一时期该学派的主要代表人物。**林达尔**的代表作是《货币和资本理论研究》(1939)，**伦德堡**的代表作是《经济扩展理论研究》(1937)，**俄林**和他的老师赫克歇尔(1879—1953)在1933年出版的《区际贸易和国际贸易》一书中提出了国际贸易理论中的"资源禀赋论"以解释国际分工和国际贸易发生的原因。挪威经济学家沃德·奥克鲁斯特于1970年提出了小国开放经济的通货膨胀模型——"斯堪的纳维亚模型"，来说明一个对国际市场的商品价格缺乏影响力的小国，在固定汇率条件下，国际市场的通货膨胀就会通过该国的对外开放部门传导进来，因为非开放部门的工资增长率会向开放部门看齐，因此，非开放部门也会间接地受到国际市场上经济波动的影响，也就是说国际市场上的经济波动对小国国内的经济波动具有决定性的影响作用。

瑞典学派第三代经济学家中的代表人物是**林德贝克**，其代表作是《新左派政治经济学：一个局外人的看法》(1974)和《瑞典经济政策》(1975)。林德贝克在这两部著作中，全面评述了西方激进经济学派的思想和理论，系统地总结了二战以后瑞典的经济政策，并在此基础上提出了自己的自由社会民主主义理论。林德贝克认为，对于世界各国不同的经济制度，应该从比较宽泛的角度来加以研究：关于消费、投资和生产的决策是分散做出的还是集中做出的；资源配置是通过市场机制还是通过行政力量来进行的；财产所有权是以私有制为主还是以公有制为主；是用经济手段还是行政命令的方式来进行生产的激励；不同经济决策单位之间的关系是竞争性的还是垄断性的；一个经济体与外部经济世界之间的关系是开放的还是闭关自守的。林德贝克认为，战后瑞典的经济制度既不是传统的资本主义，也不是社会主义，而是自由社会民主主义制度。这种经济制度致力于寻找市场力量和行政管理方法的最优结合，这种经济制度的一个重要特征就是其高保障水平的福利政策。瑞典公共开支在 GNP 中的比例在 1950 年时为 25%，在 1981 年时已达到 60%。在上世纪 80 年代，瑞典的经济出现了增长缓慢、财政赤字居高不下、通货膨胀严重等问题，这被认为与这种高保障水平的福利制度有关，并称之为“瑞典病”。

瑞典学派先后有三人获得了诺贝尔经济学奖，他们是挪威经济学家拉格纳·弗里希（1969）、瑞典经济学家缪尔达尔（1974）和俄林（1977）。作为一个有趣的插曲，我想告诉读者，缪尔达尔的妻子在1982年因在推动核裁军方面的卓越成就而获得诺贝尔和平奖，在经济学家中，缪尔达尔是唯一一位诺贝尔奖得主的丈夫。缪尔达尔的妻子是一位瑞典的外交家，著名的社会活动家，也是核裁军的倡议者，1966年起开始担任瑞典裁军与教会事务大臣。

诺贝尔经济学奖

诺贝尔经济学奖（The Nobel Economics Prize），全称是"纪念阿尔弗雷德·诺贝尔瑞典（中央）银行经济学奖"（The Bank of Sweden Prize in Economic Sciences in Memory of Alfred Nobel），故也称"瑞典银行经济学奖"。

诺贝尔奖是以瑞典著名化学家、硝化甘油炸药的发明人阿尔弗雷德·贝恩哈德·诺贝尔（1833—1896）的部分遗产作为基金创立的。诺贝尔奖包括金质奖章、获奖证书和奖金支票。

诺贝尔生于瑞典的斯德哥尔摩，一生致力于炸药的研究，在硝化甘油的研究方面取得了重大成就，一生共获得技术发明专利355项，并在欧美等五大洲20个国家开设了大约100家公司和工厂，积累了巨额财富。1896年12月10日，诺贝尔在意大利逝世。在遗嘱中他提出将部分遗产(920万美元)作为基金,以其利息分设物理、化学、生理或医学、文学及和平五种奖金,授予世界各国在这些领域对人类做出重大贡献的人。

1900年6月,瑞典政府批准设置了诺贝尔基金会,并于次年12月10日首次颁发了诺贝尔奖。自此以后,除因战争中断外,每年的10月份都会分别在瑞典首都斯德哥尔摩和挪威首都奥斯陆举行隆重的授奖仪式。

在社会科学家当中,经济学家无疑是最幸运的,因为只有经济学家成功地说服了瑞典皇家科学院增设一个新的诺贝尔奖项。1968年,瑞典中央银行在建行300周年之际,提供资金增设了"诺贝尔经济学奖"基金,亦称"纪念诺贝尔经济学奖",并从1969年起开始与其他五项诺贝尔奖同时颁发。

诺贝尔经济学奖和其他的诺贝尔奖项一样,我们只能够在奖项揭晓后才能知道评选的结果,而对提名者的情况一无所知,这是由于诺贝尔奖的评选过程实行了极其严格的保密规则,实施严格的保密规则是为了最大程度地保证评选的公正性。

每年诺贝尔经济学奖的评选委员会会向数以千计的具有推荐候选人资格的提名者发出邀请,请他们提供候选人名单,提名不限种族、宗教信仰或意识形态、国籍。由于这些提名人完全可以自由地根据自己的判断与个人喜好来推荐候选人,所以,获得诺贝尔奖提名本身说明不了太多问题,但无论是提名人还是被提名的人都是保密的。提名工作一般会在每年的2月结束。评选委员会随后进行的讨论、筛选机制、投票方式都是严格保密的。因为只有这样,评选委员会以及其他相关部门才能够避开来自外界的干扰。而且在评选的过程中,诺贝尔基金会也无权参与评奖委员会的评奖过程。不仅如此,根据诺贝尔基金会相关章程的规定,评选过程中的所有信息均需保密50年。即使在50年以后,诺贝尔基金会也仅仅允许出于研究的目的查阅相关文件。所以,新闻媒体上经常会有某某人获得诺贝尔奖提名的传闻,多不可信也。

第6章 20世纪70—90年代：各种新自由主义经济学派的兴起、纷争与融合

【美】米尔顿·弗里德曼

(1912—2006)

- 货币学派
- 理性预期学派与供给学派
- 新制度经济学派
- 公共选择学派与博弈论在经济学中的运用
- “经济学帝国”最能征善战的“将军”

政府作为一个"代理人"在本质上是无效率的，政府官员有他们自己的最大化目标，政府实行经济管制并非是代表了公共利益，通常只是对寻求这些管制的人或设置这些管制的人有利。只有政府保护下的垄断才可能长期存在下去，市场竞争会使所有的非行政垄断都仅仅是暂时的。明确的产权和对私人协商的鼓励能够克服许多的外部性，减小政府干预的范围。合适政府项目的私有化、取消不合理的管制、削减所得税、削减社会福利开支均是有利于恢复自由竞争市场经济活力的合理选项。

如果弗里德曼的思想在今天看起来似乎很平常，那是因为弗里德曼的思想已经被我们广泛地接受了。

当然，如果没有中央计划型社会主义的崩溃、苏联的解体以及柏林墙的倒塌，货币主义所取得的胜利不会像现在这么彻底和完全。

尽管布坎南是一个个人主义的支持者，并对政府的经济行动持警惕的态度，但是，布坎南显然并不是一个无政府主义者，只有政府、也只应该是政府才能成为我们这个社会正常运转所需法律规则的垄断性提供者和实施者，如对产权的界定和保护。

如果没有这些游戏规则约束个人行为，追求个人利益的竞争将会退步到“霍布斯丛林”的战争状态。在这种社会中，社会成员个人的生活必然只能是野蛮的、孤独的、疲惫的、痛苦的、贫困的和短暂的。

随着20世纪80年代西方主要市场经济国家私有化改革的推进和政府不恰当经济管制的不断解除，特别是随着中国市场化经济改革的推进和苏联计划经济体系的崩溃，非国有化和私有化、解除管制、降低税率、自由贸易、利用市场的力量提高政府部门的效率成为了世界经济发展的主流，自由市场经济与计划经济或政府的积极干预之间在全球范围内的“全面战争”已经永久性地结束了，世界经济已经不可逆转地进入到了一个单向发展的全球化时代。

当然，就具体的经济政策而展开的“局部战争”还会一直持续下去，特别是在一国的经济发展遇到困难时尤其如此，人们总是在陷入经济困境时本能地将目光投向政府。

20世纪70年代初期，西方主要的市场经济国家出现了失业与通货膨胀并存的“滞胀”现象，凯恩斯主义经济学对解决经济的“滞胀”问题难以提出有效的对策，在这种情况下，各种反对政府积极干预经济活动的新自由主义学派逐渐重新得到了学术界和政府部门的重视，并获得了很大的发展，西方的主流经济学进入了一个经济自由主义复兴、凯恩斯主义与各种新自由主义经济学并存和争论的时期。

不过，在进入了上世纪80年代以后，经济学已经发展到了这样的一个成熟的阶段，经济学不再像历史上曾经表现出的那样，需要经过很长时间才由天才的经济学家对经济学在过去若干年的发展过程中所取得的理论成果进行一次阶段性的“大综合”了，如小穆勒、马歇尔、萨缪尔森所扮演的角色。经济学的发展进入到了一个新的阶段，一个成熟的和正常的阶段，得益于严格的和科学的研究规范，经济学在发展过程中所取得的理论成就能够被经济学家们迅速地接受，从而能够被及时地纳入到主流经济学的框架之中，成为所有经济学家使用的理论工具，原先各种各样的“学派”之间的界限逐渐变得模糊了。正如弗里德曼所说的，“我不是一位供给学派经济学家，我也不是一位货币主义经济学家，我是一位经济学家”，“……(不存在什么奥地利经济学派，)只有好的经济学和坏的经济学”。的确，对经济学家任何贴标签式的分类都会在某种程度上误导非专业读者。

第一节　货币学派

货币学派

以芝加哥大学的经济学教授弗里德曼为代表的货币学派成为当时各自由主义学派中影响最大的一个，货币学派的兴起被人称为“现代货币主义革命”。

货币学派认为，货币的流通速度是相对稳定的①，通货膨胀在本质上是一种货币现象。货币政策在短期能够影响实际变量，但在长期仅能影响价格水平以及其他用货币表示的变量，如名义收入，而无法影响实际变量。尽管存在价格和工资“粘性”，但价格和工资总体上还是相当灵活的。货币供给的变动只会对实际产出产生短暂和微小的影响。在长期，实际变量是由技术进步、资本、自然资源等非货币因素决定的。

自由竞争的私人经济具有自我调节能力，具有一种内在的稳定性，不恰当的政府经济干预会使它的这种稳定性遭到破坏。名义 GDP 的波动大多源于政府错误的货币政策。通货膨胀是而且只能是由于货币数量的增长速度快于产出的增长速度而造

① 进入上世纪 80 年代以后，美国的货币流通速度变得日益不稳定起来了，但这些变化并没有降低货币政策在宏观经济政策中的重要性，货币政策目前仍然是西方发达国家管理商业周期的主要宏观经济政策工具。

成的，通货膨胀在任何地方都永远只是一种货币现象，关住货币供给的“水龙头”就能制止通货膨胀。弗里德曼曾经评论道：“没有一个政府敢于承担通货膨胀的责任，即使不是很严重的通货膨胀也是如此。政府官员们往往寻找各种借口，把责任推诿给贪婪的企业家、刚性的工会、挥霍无度的消费者、阿拉伯的酋长、恶劣的气候以及一些风马牛不相及的理由。无疑，企业家是贪婪的，工会也是有刚性的，消费者并不节约，阿拉伯酋长提高了石油价格，天气往往不正常，然而所有这些只能提高个别商品的价格，并不能使一般物价水平普遍性地提高。”

政府作为一个代理人在本质上是无效率的，政府官员有他们自己的最大化目标，政府实行经济管制并非是代表了公共利益，通常只是对寻求这些管制的人或设置这些管制的人有利。只有政府保护下的垄断才可能长期存在下去，市场竞争会使所有的非行政垄断都仅仅是暂时的。明确的产权和对私人协商的鼓励能够克服许多的外部性，减小政府干预的范围。合适政府项目的私有化、取消不合理的管制、削减所得税、削减社会福利开支均是有利于恢复自由竞争市场经济活力的合理选项。

货币学派认为，货币供给增长过快的主要原因就是政府执行了“凯恩斯主义”的货币政策和财政政策，这些政策不但没有解决失业问题，反而加剧了通货膨胀。货币政策当局的行为支配着经济周期中货币供给量的变动，面对通货膨胀，通过货币当局对货币供给进行管理是我们应该做出和能够做出的唯一选择。货币学派反对“相机行事”的货币政策，认为货币政策当局应该避免货币供给量变化率的大幅度摇摆，货币稳定是经济稳定的必要前提，明智的货币政策应该是让货币供给量在一定时期内按照某种“单一规则”稳定地增加，如实际产出的增长率。运用“单一规则”的货币政策来解决宏观经济问题可以为经济增长创造一个稳定的货币环境，增强经济的可预见性，使货币政策免受党团政治压力的干扰，还可以避免因政策“时滞”而带来的混乱。供给量货币政策的目标应该是价格水平的稳定，而不是直接追求经济增长，反对实行以“反经济周期”为目标的“相机抉择”的财政和货币政策。由于“时滞”的原因，“微调”经济的努力很可能会增加经济的不稳定性。

货币学派在与凯恩斯主义的学术竞争和政治竞争中均取得了最后的、决定性的胜利，而且看起来是永久性的胜利。弗里德曼说，“我不是一位货币经济学家，我是一位经济学家”；萨缪尔森在他著名的凯恩斯主义经济学教科书《经济学》的第16版(1995)中也不得不向货币主义屈服，“财政政策不再是美国稳定政策的主要工具，在可见的未来，美联储的货币政策将履行稳定政策的职责”，“货币主义与现代凯恩斯主义的分歧主要在于侧重点不同，而不是基本理念上的差别[①]”。

如果弗里德曼的思想在今天看起来似乎很平常，那是因为弗里德曼的思想已经被我们广泛地接受了。当然，如果没有中央计划型社会主义的崩溃、苏联的解体以及柏林墙的倒塌，货币主义所取得的胜利不会像现在这么彻底和完全。

米尔顿·弗里德曼

弗里德曼是一个经济学家中的经济学家，一个坚定的货币主义经济学家，一个不屈不挠的自由市场经济学的忠实信徒和不知疲倦的宣传家，一个著名经济学家中个子最矮的经济学家，但却是思想的巨人。任何对弗里德曼思想进行概括的努力，都会产生一种试图用水杯容纳大海时的苦恼。

米尔顿·弗里德曼(1912—2006)于1912年7月31日出生于美国纽约布鲁克林区一个犹太移民的家庭。弗里德曼的身高不足1.50米，恐怕是著名经济学家中身高最矮的。1928年，弗里德曼进入拉特格斯大学学习，主修数学。弗里德曼在上大学时对经济学产生了浓厚兴趣，大学毕业后就进入了芝加哥大学经济系学习经济学，并于1933年获得了芝加哥大学的经济学硕士学位。随后弗里德曼进入哥伦比亚大学继续学习经济学，一

---

① 萨缪尔森：《经济学》(第17版)，人民邮电出版社，2004年第1版，第574页。

年以后,弗里德曼又回到芝加哥大学,做经济学家亨利·舒尔茨的助手。1937 年,弗里德曼进入国民经济研究局,协助西蒙·库兹涅茨研究独立职业者的收入,他与库兹涅茨合著的《独立职业活动的收入》是他的第一部著作,也是他的成名作,同时也是他的博士学位论文。该论文在 1946 年得以出版,同年,弗里德曼获得了哥伦比亚大学的博士学位。在这部书中,弗里德曼提出了以后成为他的消费函数理论的两个核心概念:"持久性收入"与"暂时性收入"。按照弗里德曼的思想,一个家庭的消费是由持久性收入而不是暂时性收入决定的,持久性收入在这里被定义为在一个较长时期内人们预期得到的平均收入。换言之,消费不会对投资和政府支出的变化所引起的收入的每一个变化都做出反应,而只会对那些被认为是长期的、持续的收入变化做出反应,其在政策上的含义是当前收入变化的边际消费倾向显著地小于凯恩斯理论所认为的边际消费倾向,这意味着投资乘数要比原先估计的小,反过来这又意味着经济中所谓的内在不稳定被夸大了。

1940—1941 年,弗里德曼在威斯康星大学任客座教授。1941—1943 年,弗里德曼在美国财政部研究战时赋税政策。1943—1945 年,弗里德曼在哥伦比亚大学参加了由霍特林和华立斯领导的研究小组,作为一名数理统计学家,研究武器设计、军事战术和冶金实验等问题。1945年,弗里德曼应邀到明尼苏达大学任客座教授。1946年,弗里德曼应邀到芝加哥大学任教,直至1977年退休。

在1963年出版的《1867—1960年美国货币史》(与安娜·施瓦茨合著)一书中,弗里德曼的研究结果改变了人们对“大萧条”的认识。弗里德曼认为,大萧条是货币因素制造经济危机的一个悲剧性证明,而不是货币因素在阻止危机时毫无效果的证据。之所以说“大萧条”是货币力量重要性的一份可悲的证明,是因为美联储并没有像人们想象的那样已经尽了能力范围内最大的努力,事实上,美联储在经济发生衰退时实行了减少货币供给的错误政策。从1929年8月的经济高峰到1933年3月的波谷,美联储的货币供给量下降了1/3。美联储的不当行为使一场普通的经济衰退最终演变为了一场名垂千古的“大萧条”,“大萧条”不是自由市场经济内在不稳定的证据。正是从这本书的出版开始,经济学教科书关于“大萧条”的内容逐渐用“政府失败”取代了“市场失败”。

从1966年起,弗里德曼开始担任美国著名的《新闻周刊》杂志的专栏撰稿人,诺贝尔经济学奖获得者贝克尔曾经这样评论弗里德曼,“他能以最简单的语言表达最艰深的经济理论”。1977年,弗里德曼在退休后开始担任斯坦福大学胡佛研究所的高级研究员。1976年，弗里德曼获得了该年度的诺贝尔经济学奖。

1980年、1988年、1993年弗里德曼曾三次来中国访问，受到了当时中国最高领导人的接见。在弗里德曼与他的夫人合写的自传《两个幸运的人》中，弗里德曼描述了当时来中国的感受。1980年，弗里德曼受中国社会科学院经济研究所的邀请来中国访问。当时中国的经济改革刚刚开始，人们对于未来要走的道路几乎一无所知，弗里德曼发现，学者和官员都对经济问题知之甚少，对市场体制的运作方式基本上是一无所知。在一次座谈上，一位即将前往美国考察经济的副部长竟然问弗里德曼："在美国谁负责物资的分配?"弗里德曼当时的反应是"吓了一跳"。1988年，在中国香港地区经济学家张五常的安排下弗里德曼第二次访华，这次访华是弗里德曼三次访华中最重要的一次。这不仅是由于弗里德曼见到了当时中国的领导人，还因为访问的范围较前次大了很多。在这次访问中，弗里德曼感受到了中国经济发展的生机和活力，也看到了中国进一步经济改革所面对的核心问题，那就是政府部门是否愿意为了经济发展而放弃自己的某些特权。1993年，弗里德曼第三次访问中国，弗里德曼感到中国政府的改革方向似乎与1988年有所不同，政府开始强调日本、韩国式的对经济的政府控制的优越性，认为这是未来的改革方向，弗里德曼显然无法同意这一点，但这时的中国，已经不再像改革初期那样在如饥似渴地吸收外界的知识了,他感到中国在改革的步伐上开始有些傲慢了,对西方的经验和经济规律开始不以为然,开始强调国情的不同了。

作为一名经济学家,弗里德曼深刻地影响了世界,更加深刻地影响了一大批中国人,中国因为他的这种影响而受益良多。

弗里德曼的主要著作有:博士论文《独立职业活动的收入》(1946)、《实证经济学论文集》(1953)、《消费函数理论》(1957)、《货币数量论——一种重新表述》(1956)、《稳定货币方案》(1959)、《价格理论》(1962)、《资本主义与自由》(1962)、《1867—1960年美国货币史》(与安娜·施瓦茨合著,1963)、《通货膨胀:原因与后果》(1963)、《货币最优数量和其他论文》(1969)、《货币分析的理论结构》(1970)、《名义收入的货币理论》(1971)、《自由选择》等。弗里德曼在1967年任美国经济学会会长,1970—1972年任国际自由主义者联盟的蒙特·帕林学会的会长,是美国经济学会、计量经济学会、英国皇家经济学会等著名学术团体的成员,获得过许多著名大学的名誉博士学位。

第二节 理性预期学派与供给学派

理性预期学派

上世纪70年代后期,从货币学派中分离出一个新自由主义流派，以芝加哥大学的青年经济学家卢卡斯和斯坦福大学的托马斯·萨金特、哈佛大学的罗伯特·巴罗为代表，被称作“理性预期学派”。

理性预期学派被看作是经济学古典理论的翻版，他们的理论被称为“新古典宏观经济学”。这一学派与古典经济学派一脉相传，认为价格和工资是富有弹性的，自由竞争的市场具有自我调节的内在能力。

与古典经济理论不同的是，他们认为由于“理性预期”的存在，人们会利用所有能够获得的信息进行决策，政府无法通过系统的经济政策来“愚弄”人民，这意味着政府的各种政策甚至连改进市场短期运行结果的能力都没有。理性预期假设和弹性价格假设是理性预期学派“宏观经济政策无效性定理”的两大基石。

理性预期，指的是经济当事人为了避免损失和谋取最大利益，会设法利用一切可以利用的信息，来对所关心的经济变量在未来的变动状况做出尽可能准确的预期。理性预期并不一定是正确的预期，理性预期的结果常常是错误的，理性预期仅仅意味着我们会努力利用自己所拥有的全部信息做出尽可能正确的预期。与“理性预期”对应的是“适应性预期”，适应性预期指的是根据过去预测未来的预测方式。由于卢卡斯在理性预期理论方面所做出的贡献，他获得了 1996 年的诺贝尔经济学奖。

理性预期学派认为，经济当事人出于对自身经济利益的考虑会在从事经济活动时利用一切可以得到的信息来进行决策，从而可以较为准确地预期到货币(经济)政策的后果，提前采取预防性措施，如果是这样的话，货币冲击对实际经济活动的影响将会大大减弱，甚至消失。因此，如果中央银行按照一定的准则来确定货币政策，公众就会根据这个准则形成对未来通货膨胀率的理性预期，如果中央银行无规则地改变货币供给量，则会进一步加剧经济的波动。这样，由于经济当事人的理性预期，政府有规则的货币政策无论在长期还是在短期都是无效的，只能引起通货膨胀，而不会影响实际产出和就业水平，无规则的货币政策只会使经济波动更加严重。而对于因意料之外的因素所造成的价格和产量的波动，政府是无法使用宏观经济政策使之稳定的，因为所有的经济当事人都无法事先了解这些因素，也就无法制定出相应的政策了。

所以，系统的货币政策无用，随机的货币政策有害，过多的政府经济干预要么无效，要么引起更大的经济波动。因此，要实现经济的稳定增长，唯一有效的政策就是经济自由化政策，减少政府对经济生活的干预，充分发挥市场机制的调节作用。

卢卡斯

罗伯特·卢卡斯,1937 年出生于华盛顿的雅奇马。1955 年,卢卡斯从西雅图的罗斯福公立学校高中毕业,进入芝加哥大学主修历史,大学毕业后继续攻读历史专业研究生。在研究生阶段卢卡斯对经济学产生了浓厚的兴趣,改修经济学。1963 年,卡内基工学院(现在的卡内基梅隆大学)的工业管理研究生院提供给卢卡斯一个教职。卢卡斯从 70 年代初起,率先将理性预期假说成功地运用于宏观经济政策分析,开创并领导一个新的宏观经济学派——理性预期学派,卢卡斯在 1970 年完成、1972 年发表了《预期和货币中性》一文就是这一时期研究工作的代表作,这篇论文也是他获得诺贝尔奖的重要原因之一。1974 年,卢卡斯回到芝加哥大学教书。1990 年卢卡斯与原来的妻子离婚,在分割财产时他精明的妻子没有遗忘仅仅是可能存在的诺贝尔经济学奖的奖金,在最后的离婚协议中卢卡斯同意如果他在未来五年内获得诺贝尔经济学奖,他就将奖金的一半分给他的前妻,非常幸运或非常"不幸"的是就在这个离婚协议即将到期的前几个星期,在 1995 年的 10 月 10 日,瑞典皇家科学院宣布,把该年度的诺贝尔经济学奖授予美国芝加哥大学的经济学教授罗伯特·卢卡斯,以表彰他对"理性预期假说的应用和发展"所做出的贡献,获奖公告中说他的研究"改变了宏观经济的分析,加深了人们对经济政策的理解”,并为各国政府制定经济政策提供了崭新的思路。卢卡斯履行了这个离婚协议,“交易就是交易”。

罗伯特·卢卡斯的著作主要包括:《理性预期与经济计量实践》(合著,1981)、《经济周期理论研究》(1981)、《经济周期模式》(1987)、《经济动态学中的递归法》(1989)。卢卡斯发表的论文主要包括:《1929—1958年美国制造业中劳动力与资本的相互替代》(1964)、《最优投资政策与灵活加速器》(1967)、《调整费用与供应理论》(1967)、《实际工资、就业与通货膨胀》(1969)、《预期与货币中性》(1972)、《投资与不确定性》(合作,1974)、《论商业企业的规模分布》(1981)、《纯粹货币经济中的均衡》(1980)、《托宾与货币主义:评论文章》(1981)、《优化投资与理性预期》(1981)、《资本缺乏经济中的最优财政与货币政策》(合作,1983)、《金融理论中的货币》(1984)、《流动性与利息率》(1990)、《论效率与分配》(1992)、《有效就业保障简化模式中的效率与均等》(1995)等。

供给学派

与理性预期学派同时出现的还有“供给学派”,该学派以美国南加州大学的经济学教授拉弗和哈佛大学的费尔德斯坦为代表，这是一个在短期内产生了巨大影响的学派。费尔德斯坦还曾经担任过美国经济研究局的主席和里根总统经济顾问委员会的主席。

供给学派经济学特别强调“激励”在经济增长中所起的关键作用。供给学派经济学认为，凯恩斯主义的宏观经济政策过分强调了总需求管理，而忽视了税率和经济管制对总供给的负面激励。税收体系的设计应该立足于鼓励生产而不是控制总需求。税收体系的改革应该立足于降低税收体系的累进性。

在经济政策方面，供给学派追求的是长期的经济繁荣，而不是仅仅对经济系统进行反周期管理。政府应该更多地以“总供给管理”来对付经济的停滞与衰退，通过减税和减少经济管制让市场更有效率，更有活力，从而更多地依靠市场自身的力量来调节经济。具体来说，供给学派主张通过大幅度降低个人所得税和企业所得税、削减社会福利开支、解除或放松政府对企业经济活动不必要的管制措施，来刺激工作、储蓄和投资的积极性，加速资本的形成，增加总供给。

供给学派认为，应该实行降低边际税率的“供给学派减税”来对付经济衰退。高边际税率会减小人们从事正常经济活动的动力，促使人们转向地下经济活动，后果反而是使税基减少。与凯恩斯着眼于增加低收入阶层的消费需求的减税不同，供给学派削减高边际税率的努力着眼于增加高收入阶层的工作积极性和投资供给，而且供给学派的减税也不是“逆经济风向”的暂时性措施，而是永久性的、立足于刺激经济活力的减税。

供给学派主张削减政府财政支出的目的并不是弥补因减税而造成的政府财政收入的减少，而是为了减少政府的干预，充分发挥市场机制的作用，政府使用财政资金不会比私人使用自己的钱更有效率。供给学派认为帮助穷人的最好办法不是政府给予救济，而是实现经济的稳定增长。

至于因减税而可能出现的财政赤字问题，供给学派颇为乐观，正如“拉弗曲线”试图告诉我们的，过高的边际税率会降低人们工作的热情并迫使人们花费更多的资源去逃税和避税，将经济活动转向地下，削减边际税率有可能因为刺激了经济增长而最终在实际上增加了政府的税收收入。但一个显然的事实是，美国的平均税率水平并不在拉弗曲线“错误”的那一边。所以，减税最终带来的是不断的财政赤字而不是财政盈余。

第三节　新制度经济学派

新制度经济学派

与传统的制度经济学派对新古典经济学持批评态度和主张

政府的积极干预不同，新制度经济学派趋向于理论化、市场导向、自由经济和反对政府干预。以科斯和诺斯为代表的新制度经济学派由于其代表人物两获诺贝尔经济学奖而名声大噪，成为微观经济学中最富有吸引力的理论领域。2009年的诺贝尔经济学奖也授予了两位制度经济学家威廉姆森和奥斯特罗姆。

新制度经济学运用新古典经济学的逻辑和方法从微观角度研究制度的形成、变迁以及制度对经济绩效的影响。企业的产权理论、交易成本理论和制度变迁理论是新制度经济学的三大分支，以及宪政经济学、法经济学和公共选择理论等外围领域。与旧制度主义经济学派不同，新制度经济学派致力于研究不同经济制度在效率上的合理性——它们之所以会出现的经济逻辑以及它们的存在在当时是如何提高或降低了经济效率。新制度经济学派的主要代表人物还包括哈罗德·德姆塞兹(1930—)，他的研究重心是产权在促进经济效率方面的重要性，理查德·波斯纳(1939—)，他的研究重点是探寻法律的经济学基础，奥利弗·威廉姆森(1932—)和科斯一样，他们主要关注的是交易成本对企业组织和行为方面的影响，詹姆斯·布坎南(1919—)和戈登·图洛克(1922—)，他们的研究重点是对寻租活动、利益集团、投票规则和宪政规则的经济后果展开经济学分析。

科斯:《企业的性质》(1937)与《社会成本问题》(1960)

科斯在发表于1937年的《企业的性质》一文中提出了“交易成本”的概念,并将交易成本引入了经济学分析,奠定了新制度经济学派的理论基础。在《社会成本问题》(1960)一文中提出了后来被命名为“科斯定理”的学术思想,初步形成了新制度经济学的理论框架。

“科斯定理”认为,在交易成本为零和产权得到充分界定并能够加以严格实施的条件下,外部性不会引起资源的不恰当配置,法定权利的最初分配从效率的角度看是无关紧要的,也就是说无论权利最初被如何界定,都可以通过市场交易来达到资源的最佳配置,法律权力和资产通过自愿的市场交易最终都会被出价最高者获得。但权利的不同界定会影响到分配的情况,因此初始的权力界定也是非常重要的。如果交易成本不为零,则产权的界定不仅会影响到资源的配置,还会影响到分配的格局。

1991年,科斯获得了该年度的诺贝尔经济学奖,按照瑞典皇家科学院的公告,科斯的主要学术贡献就在于“发现并阐明了交换成本和产权在经济组织和制度结构中的重要性及其在经济活动中的作用”。

罗纳德·哈里·科斯1910年12月29日出生于伦敦的威

尔斯登。1929年科斯进入伦敦经济学院学习经济学。1937年科斯发表了《企业的性质》一文，在这篇论文中科斯提出了“交易成本”的概念，并阐述了交易成本和产权在经济活动中的重要性，使我们思考产权和外部性的方式发生了革命性的变化。科斯在这篇论文中表达出来的思想为他在五十多年后赢得了1991年的诺贝尔经济学奖。1934—1935年，科斯在英国的利物浦大学，1935年以后，开始在伦敦经济学院教书。在伦敦经济学院，科斯主要讲授公用事业经济学。1939年，第二次世界大战爆发，科斯先后进入森林委员会、中央统计局、战时内阁办公室等机构工作。1946年，科斯回到伦敦经济学院任教。科斯借助于一笔洛克菲勒研究员经费在美国花费了九个月时间来研究美国的广播业，研究报告《美国广播业：垄断的研究》在1950年出版。1951年，科斯获得伦敦大学博士学位，同年移居美国。

刚到美国，科斯进入了布法罗大学，在那里他做了七年教授(1951—1958)。1959年，在行为科学高级研究中心工作了一年之后，他进入了弗吉尼亚大学经济学系。1961年科斯发表了《社会成本问题》一文，该文批评了庇古关于“外部性”问题的补偿原则(政府干预)，并论证了只要交易成本为零，那么，无论产权如何界定，都可以通过市场的自由交易达到资源的最佳配置。科斯的研究也开创了“法经济学”这一目前仍在不断成长的一个经济学研究新领域。从1964年开始，科斯成为芝加哥大学的教授和《法与经济学杂志》的主编，直至退休。

科斯的主要学术作品包括：《企业的性质》(1937)、《边际成本争论》(1946)、《美国广播业：垄断研究》(1950)、《联邦通讯委员会》(1959)、《社会成本问题》(1960)、《经济学中的灯塔问题》(1975)、《企业、市场与法律》(1988)。

道格拉斯·C.诺斯

道格拉斯·C.诺斯(Douglass C. North)，1920年出生于美国马萨诸塞州坎布里奇市，1942年获得伯克利加利福尼亚大学学士学位，1952年获得哲学博士学位。从1946年诺斯开始在伯克利任教，1950年成为了华盛顿大学的教授，1979年开始任教于赖斯大学，1981—1982年任教于剑桥大学，1982年又重新回到华盛顿大学任教。诺斯于1960—1966年间担任《经济史杂志》副主编，1972年担任美国经济史学会会长。

诺斯的主要著作有：《1790—1860年的美国经济增长》、《美国过去的增长与福利：新经济史》、《制度变迁与美国的经济增长》(与戴维斯合著)、《西方世界的兴起：新经济史》(与托马斯合著)、《经济史中的结构与变迁》。

诺斯的主要学术贡献在于经济史研究方法上的创新，即运用新古典经济学和经济计量学的方法来研究经济史问题，将新古典经济学的经济增长理论与经济史中所发现的数据结合起来，这种新的研究方法对经济史的研究发生了革命性的变革。诺斯还利用产权理论来分析西方世界在最近两个世纪中所发生的工业化，其目的是探究西方世界经济增长的原因、经济增长与制度变迁之间的内在联系、产权制度与经济发展的互动趋势、经济发展对制度的内在要求等问题。诺斯在这一方面的主要著作有《西方世界的兴起》、《制度变迁与美国的经济增长》、《经济史中的结构与变迁》、《制度、制度绩效与经济增长》等。

制度演进中的路径依赖

诺斯的代表作有《西方世界的兴起》(与罗伯特·托马斯合著)和《经济史中的结构与变迁》。诺斯认为，新古典经济学没有认识到制度约束在经济决策中的重要性，制度是人类的一种创造，制度强加在个人选择上的各种约束是普遍存在的。制度可以是正式的制度，如宪法和法律，也可以是非正式的制度，如约定俗成；制度可以是特意创造出来的，如中央银行制度或社会保障制度，也可以是随着时间逐渐演化而来的，如风俗习惯。制度的产生是因为制度能够最小化交易成本。制度是支配人们经济行为和政治行为的正式或非正式的规则，而制度的参与者则是利用特定的制度框架所提供的各种机会的工人或组织。

制度一旦确立，在以后的制度变迁中就有可能面临“路径依赖”的问题，即最初选定的制度可能会因为自我强化的机制而具有一种类似物理学中的惯性的特点，人们过去做出的选择决定了现在可能做出的选择。这意味着，有时最初的制度选择决定了该制度长期演进的路径。这样，制度的演化就可能出现两种不同的结局，良性循环或锁定在一种无效率的状态中，直至主动放弃或外部力量的介入。

不同的制度结构决定了不同的激励结构，不同的激励结构又决定了在这种制度规则下开展政治、经济活动的社会成员所具有的不同的行为特点，不同的行为又会导致不同的经济后果，只有当生产性努力得到这个制度结构的鼓励时，才可能出现经济的增长。因此，制度因素才是不同国家生活水平差异的最根本原因。诺斯认为在所有的制度安排中，产权制度最为重要，私人产权是否能够得到清晰的界定与实施、私人产权是否能够自由交易至关重要。由于国家决定着产权结构，所以，国家最终要对一国的经济增长或衰退负责，能够对私人产权提供有效保护的制度是西方世界能够兴起的主要原因。产业革命仅是经济增长的表现形式而不是经济增长的原因，经济增长的原因只能来源于制度层面的创新，如在专利法、土地使用法、股份公司、证券公司、中央银行等方面能够节约交易成本的法律、公司制度和金融制度的创新。

诺斯于1993年获得了诺贝尔经济学奖。

一个关于“路径依赖”的故事

现代铁路两条铁轨之间的标准距离是四英尺又八点五英寸，为什么会采用这个标准呢？原来，早期的铁路是由建电车的人所设计的，而四英尺又八点五英寸正是电车所用的轮距标准。那么，电车的标准又是从哪里来的呢？最先造电车的人以前是造马车的，所以，电车的标准是沿用马车的轮距标准。马车又为什么要用这个轮距标准呢？英国马路辙迹的宽度是四英尺又八点五英寸，所以，如果马车用其他轮距，它的轮子很快会在英国的老路上撞坏。这些辙迹又是从何而来的呢？从古罗马人那里来的。因为整个欧洲，包括英国的长途老路都是由罗马人为它的军队所铺设的，而四英尺又八点五英寸正是罗马战车的宽度。任何其他轮宽的战车在这些路上行驶的话，轮子的寿命都不会很长。可以再问，罗马人为什么以四英尺又八点五英寸为战车的轮距宽度呢？原因很简单，这是牵引一辆战车的两匹马屁股的宽度。

故事到此还没有结束。美国航天飞机燃料箱的两旁有两个火箭推进器，因为这些推进器造好之后要用火车运送，路上又要通过一些隧道，而这些隧道的宽度只比火车轨道宽一点，因此火箭助推器的宽度是由铁轨的宽度所决定的。所以，最后的结论是：路径依赖导致了美国航天飞机火箭助推器的宽度竟然是在两千年前便由两匹马屁股的宽度决定了的。

奥利弗·威廉姆森和《治理机制》(1996)

奥利弗·威廉姆森和艾利诺·奥斯特罗姆两位新制度经济学家分享了2009年的诺贝尔经济学奖。威廉姆森最为主要的学术贡献在于交易成本理论方面，他被视为“科斯定理”的再发现者，他也是“新制度经济学”的命名者(1975)。

奥利弗·威廉姆森生于1932年，1955年获美国麻省理工学院斯隆管理学院学士学位，1960年获斯坦福大学工商管理硕士学位，1963年获卡内基·梅隆大学博士学位。威廉姆森自1988年以来在美国加州大学伯克利分校任教，教授商业管理、经济学和法学。威廉姆森现在是加州大学伯克利分校哈斯商学院的埃德加·凯泽荣誉退休教授。

威廉姆森的研究表明，市场和包括公司在内的层级组织代表着不同的治理结构，在解决利益冲突方面采取了不同的方法。市场结构的缺陷在于经常出现争议和分歧，公司结构的缺陷在于权力虽可减少争议，但会被滥用。竞争性市场的运作相对更好，这是因为买卖双方如果产生分歧，可以转向其他交易对象。但是，如果市场竞争受到限制，公司作为一种结构能比市场更好地解决利益冲突。

威廉姆森的代表著作是《治理机制》(1996)和《资本主义的经济制度》(1985)。

奥斯特罗姆1933年出生，美国印第安纳大学教授，也是世界上第一位获得诺贝尔经济学奖的女性。奥斯特罗姆1965年获美国加州大学伯克利分校政治学博士学位，1991年当选美国艺术与科学院院士，2001年当选美国国家科学院院士，曾在众多美国学术协会和顾问委员会中担任职务。奥斯特罗姆现在为美国印第安纳大学政治学及公共和环境事务学教授，也是该校"政治理论和政策分析"研讨会共同主管。奥斯特罗姆曾多次访问中国。

奥斯特罗姆的主要研究方向包括：如何利用认识科学中的研究成果建立可行的模型，以探讨和解释人类在不同制度安排下的选择问题；各种制度如何产生帮助个体进行决策的信息；在不同方式的集体决策过程中存在哪些偏差和调整；在各种制度架构中的互动过程中，不同的偏好是如何被放大和修正的。

奥斯特罗姆的代表作是1990年出版的《公共事务的治理之道：集体行动制度的演进》，此书中译本由上海三联出版社于

2000年出版，是制度经济学和公共政策研究领域里的重要著作。

新制度经济学派和旧制度主义经济学派

前面我们介绍过，托尔斯坦·凡勃伦是"(旧)制度主义学派"的创始人和主要代表，作为美国著名的社会批判家，一个愤世嫉俗的资本主义观察家，他尖锐地批判资本主义制度和古典、新古典经济学的分析方法及理论。如果我们能够认识到凡勃伦生活的19世纪末期的美国是一个由卡内基、洛克菲勒这样的大托拉斯和垄断巨头主宰经济活动和社会生活的时代，我们也许就不那么难以理解凡勃伦的愤世嫉俗了。

第二代"凡勃伦主义者"或"(旧)制度主义学派"的代表人物有三个：约翰·洛克斯·康芒斯(1862—1945)、韦斯利·克莱尔·米切尔(1874—1948)和艾尔斯(1892—1972)，但他们之间差异极大，显示了(旧)制度经济学派的学术体系所具有的多样性。康芒斯缺乏理论家的色彩，在更大程度上是一个鼓吹通过成文法形式的管制来实现经济和社会改革的斗士，代表作是《制度经济学》(1934)和《资本主义的法律基础》(1924)。米切尔给制度经济学赋予了统计学色彩，他的代表作是研究经济波动的《商业周期》(1913)和《商业循环问题及其调整》(1927)，他与凡勃伦反对运用数学和统计学的工具进行经济学研究的学术思想形成了鲜明的对比。与凡勃伦的思想最为相近的是艾尔斯，他的代表作是《经济进步的理论》(1944)和《走向理性社会：工业文明的价值》(1961)。这样，在凡勃伦之后制度经济学便呈现出了离散的发展路线。

在第三代(旧)制度主义学派中最著名的就是社会批评家加尔布雷斯了，他的代表作是《美国资本主义》(1952)和《丰裕社会》(1958)。

科斯认为，凡勃伦、康芒斯这些"近代制度学派"[即"(旧)制度主义学派"]和"新制度经济学"之间并没有什么理论上的渊源关系，在某种程度上甚至可以说还是对立的，尖锐地批评新古典经济学的理论和研究规范是制度学派的一个鲜明特点。旧制度主义学派和欧洲的历史学派之间倒是存在着一种学术上的血缘关系。"近代制度学派"的观点不是理论性的，而是反理论的，他们没有一个理论，除了一堆需要用理论来整理否则就只能一把火烧掉的描述性材料外，"(旧)制度经济学派"没有留下什么东西可以让后来者在他们研究成果的基础上继续展开研究，他们没有留下什么理论工具供别人或后人去使用，(旧)制度经济学派学者们杂文般的笔调在读后确实令人痛快，但仅此而已，人们很难沿着他们的足迹继续前进。[①]

---

① 卢现祥：《西方新制度经济学》，中国发展出版社，1996年2月，第3页。

旧制度主义学派把现代经济生活当作一个“整体”来加以观察，认为只有这样才能够更清楚、更全面地了解它。但旧制度主义学派所说的这种“整体研究”不同于主流经济学所说的“总量分析”，而指的是“综合分析”，不仅研究经济变量，更加注重研究非经济变量对各个层次经济制度的影响，如政治、历史、社会、心理等因素对经济制度形成的影响。这种“整体性、综合性”的研究方法使旧制度经济学派的研究活动失去了确定的研究对象，也使旧制度主义经济学派的研究失去了学术色彩，使它无法展开规范的经济学研究，无法形成有学术价值的研究成果。旧制度经济学派用文化的方法来研究经济和经济制度，也因此把自己的研究称为“开放式”的经济学研究。

旧制度主义经济学派的学者们总是怀疑经济增长是否能够增进人们的幸福，他们看到的更多的是工业社会伴随着经济增长而出现的种种经济和社会问题，如环境污染、生态失衡、资源破坏、能源缺乏、过多的产品包装和产品广告、城市管理的失败、收入分配不均、富裕社会中的贫困问题、现代社会个人独立性的丧失、工业社会人们在精神上遭受的压抑、既得利益集团的特权与垄断、黑人歧视、妇女解放、道德沦丧、青少年犯罪等。

第四节　公共选择学派与博弈论在经济学中的运用

公共选择理论

公共选择理论用微观经济学的理论与分析工具来描述和解释政治市场上人们的行为及政治市场的运行，研究非市场的集体决策过程，研究公共部门“如何、为何和为谁”的问题。

公共选择理论是经济学和政治学之间的交叉学科，美国的詹姆斯·布坎南（1919—　）、戈登·塔洛克（1922—　）是这一学派的代表人物。

詹姆斯·布坎南

詹姆斯·布坎南出生于美国的田纳西州，1940 年毕业于田纳西中部大学，1948 年毕业于芝加哥大学获经济学博士学位，1949 年任教于田纳西大学，1956—1968 年在弗吉尼亚大学任经济学教授，1957 年与沃伦·纳特一起在弗吉尼亚大学创办了“托马斯·杰弗逊政治经济学和社会哲学研究中心”。布坎南 1963 年与图洛克一起创建了“非市场决策选择委员会”，后更名为“公共选择学会”，并于 1969 年在弗吉尼亚理工学院创建了“公共选择研究中心”。1982年布坎南随该中心迁往乔治·梅森大学，并担任该校教授。

詹姆斯·布坎南1963年担任过美国南部经济学会主席，1972年担任过美国经济学会副主席，1982年担任过美国西部经济学会副主席。布坎南的代表作有《同意的计算》（与戈登·塔洛克合著）（1962）、《成本与选择》（1969）、《公共选择理论》（与托里森合著）（1972）、《自由的限度：在无政府主义状态和极权主义国家之间》（1975）、《民主政治的赤字财政：凯恩斯爵士的政治遗产》（与瓦格纳合著）（1977）、《政治活动的经济学》（1978）《自由、市场与国家——1980年代的政治经济学》（1986）。

1986年，詹姆斯·布坎南获得了该年度的“诺贝尔经济学奖”。

《同意的计算》（1962）

公共选择理论研究的是政治市场上参与者的经济人行为。政治市场上的参与者是选民、政治家和官僚，选民通过选票选择政治家，政治家进行决策并委托职业官僚执行相关的公共政策。布坎南和塔洛克在《同意的计算》中认为，人类的本性就是人类的本性，不论在市场中、政府机构中还是在政治舞台上，人们都是努力在约束条件下最大化他们的效用。因此，政治家和商人在本质上没有什么区别，都是以自我利益为中心行事的。政治家通过提供公共政策来追求政治选票的最大化以实现个人效用的最大化，如为了获得连任而制定公共政策，没有什么理由能够使我们可以理想化地认为政治家和政府官员追求的是公共福利的最大化。结果是立法者更多的是响应强有力的既得利益集团的要求，把补贴、贸易限制和进入管制给予既得利益集团，同时把高价格、高税率和低质量给予分散、孤立的消费者。

对于一个理性的选民来说，在投票箱前的投票行为和在市场中的购买行为也没有什么本质的区别，选民会根据投票的成本和收益来进行投票，投票的收益来源于所选择的政治家所主张的公共政策能够为他带来的好处，成本是了解与选举有关的信息所带来的成本，只有在存在净收益的情况下才会进行投票。

行政官僚也是追求自身利益最大化的理性人。行政官僚的目标函数中包括更多的下属、更多的预算、更多的曝光率、更多的表扬、更多的商务旅行、更豪华的办公室等。政府部门与私人企业相比，区别并不在于个人在其中的动机有什么不同，而在于实现个人目标时所受到的制度约束在行政部门要比私人企业中松弛得多。公共部门提供的服务多具有行政垄断性，因此，私人企业中的个人活动可能比行政部门中的个人活动更加符合公众的利益。

所以，布坎南认为，就像存在市场失灵一样，同样存在着政府失灵。我们不能仅仅因为市场是不完善的就假定政府的行政手段一定能做得比市场更好。

尽管布坎南是一个个人主义的支持者，并对政府的经济行动持警惕的态度，但是，布坎南显然并不是一个无政府主义者，只有政府也只应该是政府才能成为我们这个社会正常运转所需法律规则的垄断性提供者和实施者，如对产权的界定和保护。如果没有这些游戏规则约束个人行为，追求个人利益的竞争将会退步到“霍布斯丛林”的战争状态。在这种社会中，社会成员个人的生活必然只能是野蛮的、孤独的、疲惫的、痛苦的、贫困的和短暂的。

布坎南的不同之处就在于告诉我们政府是非常重要的，但政府不是万能的，政府的效率也是有条件的，也需要制度性的规则来约束。

宪法经济学

应当如何纠正和防范政府失灵呢？公共选择学派主要围绕改革公共决策体制和政治制度来加以研究。任何一项经济政策都是在一定的决策规则下做出的，不同的决策规则会带来质量和性质不同的政策。政府失灵在许多情况下就是由于公共决策体制上的缺陷所造成的，实质上就是决策规则或政治制度的失败。作为最根本的规则，宪法是决定决策规则的根本制度，因此，决策规则改革的最高阶段应该是宪法改革，形成新的宪法秩序，以减少公共决策的失误，对政府的权力施加宪法约束，提高政策的可预期性。这被公共选择学派尤其是弗吉尼亚学派看作是解决政府失灵问题的关键，这个思路的内容构成了“宪法经济学”。

宪法经济学关注的对象是决策规则，一个好的决策规则必须是较为简单并能为公众所领会的；必须具有区分是否遵循或违反了这个规则的标准界线，无论政治家还是一般公众都能比较容易地对此加以辨别；最重要的是这种宪法规则必须能够体现全体公民的价值观，并且被看作是神圣不可侵犯的。这个决策规则应遵从一致同意的原则，只有一致同意才能防止一部分人对另一部分人的强制和掠夺，而且也存在所有人都一致同意的决策规则，因为在宪法规则的选择阶段，虽然不同的人的目标和利益是不一致的甚至是不可调和的，但每个人都处在对未来无知的状态之中，每个人都不清楚他在未来的某项具体的决策中处于什么位置，扮演什么角色，因此，每个人都希望选择一套公正、科学、透明的决策规则。

博弈论在经济学中的运用

博弈论也叫“对策论”，英文名称是“Game Theory”。严格地说，博弈论应该算是数学的一个分支，而不是经济学的一个分支。博弈论在许多学术领域都得到了运用，但在经济学领域的运用最成功，也最广泛，博弈论自身也在这种运用中获得了很大的发展。

博弈论是在 20 世纪 50 年代由数学家**约翰·冯·诺依曼**和经济学家**奥斯卡·摩根斯坦**首先提出来的，他们的创造性工作，奠定了现代博弈论的基础。

约翰·冯·诺依曼是 20 世纪最伟大的天才之一，1903 年出生于匈牙利的布达佩斯，少年时就以超凡的数学才华而闻名。约翰·冯·诺依曼在 1928 年他 25 岁时发表了他的第一篇博弈论论文，在那篇论文中约翰·冯·诺依曼证明了在零和博弈中每个参与者都有自己的最优策略。约翰·冯·诺依曼还发明了计算机，并制造出了第一台具有实用价值的计算机。二战期间，约翰·冯·诺依曼还参加了美国制造原子弹的“曼哈顿计划”。

约翰·纳什可以说是世界上最著名的博弈论专家，这种影响部分是由于他的学术成就，部分是由于他戏剧性的生活历程。1948 年，年仅 20 岁的约翰·纳什就获得了美国卡内基—梅隆大学的数学学士和硕士学位。两年后纳什以一篇 27 页的研究博弈论的学位论文获得了普林斯顿大学的博士学位。同年，纳什在其博士论文《非合作博弈》的基础上发表了《n人博弈中的均衡点》(1950)和《非合作博弈》(1951),这些论文为现代博弈论的形成和发展奠定了基础。纳什将矩阵博弈推广到多人情形,对多人非合作博弈做出了明确界定,提出了多人非合作博弈的“纳什均衡”概念,并于1950年应用日本数学家角谷静夫提出的“集值映射不动点定理”,证明了纳什均衡的存在性。纳什均衡是一种由参与博弈的所有人的最优策略组成的策略组合。由于纳什均衡是矩阵博弈的“古诺均衡”的推广,因此,后人也常常把纳什均衡称作“古诺—纳什均衡”。1953年,纳什又研究了合作博弈,在《经济计量学》杂志上发表了题为“二人合作博弈”的论文。纳什非常不幸地在50年代患上了精神分裂症,此后,他花费了数十年来恢复健康;并于1994年与另外两位经济学家分享了该年度的诺贝尔经济学奖。1998年《纽约时报》的纳萨为约翰·纳什撰写了一部传记小说《美丽心灵》,三年后,根据该小说改编的同名电影获得了2001年奥斯卡奖。

塔克(Tucker)在1950年发表的“囚徒困境”一文,描述了囚徒博弈,成为当今博弈论中的经典事例。到了上世纪60年代,**泽尔滕**(Selten,1965年)对纳什均衡进行了动态分析,提出了“精练的纳什均衡”的概念。**海萨尼**(Harsanyi,1967年、1968年)把不完全信息引入了博弈论的研究之中。泽尔滕、海萨尼和纳什一起获得了1994年的诺贝尔经济学奖。上世纪80年代，**克瑞普斯**(Kreps)和**威而逊**(Wilson)(1982)合作研究了动态不完全信息博弈。动态分析与不完全信息进入博弈论，是经济学家在推动博弈论发展方面做出的重大贡献。

然而，博弈论真正融入经济学还是上世纪70年代中期以后的事情。从上世纪80年代开始，博弈论才逐渐成为微观经济学的一个组成部分。上世纪70年代中期以后，经济学家开始关心和强调个人理性问题，他们在对效用函数进行深入研究的基础上，发现信息是经济学中的一个非常重要的问题，从而信息问题开始成为经济学家关注的一个焦点。另一方面，个人决策有一个时序问题，也就是说，当你做出某项决策时，你必须对在你之前的别人做出的决策有所了解。你的决策会受到在你之前的别人已经做出的决策的影响，你的决策又会影响在你之后进行决策的人的行为。于是，时序问题在经济学研究中变得极为重要，博弈论正好为信息问题和时序问题提供了有力的研究工具，于是70年代中期以后应用博弈论的经济模型得到了很大的发展。到了80年代，博弈论与经济学之间的关系已经发展到了“你中有我、我中有你”的程度，博弈论成为了微观经济学的一个重要组成部分。

第五节 “经济学帝国”最能征善战的“将军”

当代经济学家坚持不懈地运用微观经济学的理论工具不断地开拓经济学研究的新领域，目前，微观经济学的研究领域已经远远地扩展到了经济学传统的研究领域之外。经济学家们运用自己所掌握的极富解释力的经济学理论和强有力的计量经济学工具，对政治、犯罪、历史、歧视、教育、法律、种族关系、体育、宗教、金融和环境问题展开了富有价值的研究，补充而不是取代了其他社会科学家对这些问题所做的解释。经济学已被应用于如此广泛的领域，以至于经济学被认为具有了“帝国主义”的主要特征——不断开辟新的疆域。如果这种比喻是恰当的话，加里·S.贝克尔则无疑是“经济学帝国”中最骁勇善战的“战神”。

加里·贝克尔

加里·S.贝克尔，1930年出生于美国宾夕法尼亚州的波茨维尔。1951年，贝克尔在普林斯大学获经济学学士学位，1953年在芝加哥大学获经济学硕士学位，1955年获芝加哥大学经济学博士学位，他的博士论文《歧视经济学》是一部非常富有首创性的经济学论著。但由于学术界在当时还难以接受他的研究方法和结论，以至于过了两年之后芝加哥大学出版社才同意出版他的博士论文。为此，贝克尔被迫到哥伦比亚大学任教，直到1969年才返回芝加哥大学，贝克尔此后一直任教于芝加哥大学。贝克尔于1967年荣获美国经济学会颁发的“克拉克奖”，于1992年获得诺贝尔经济学奖。

贝克尔是位多产的经济学家和社会学家，著述颇丰，他的主要论著有：《歧视经济学》(1957)，《生育率的经济分析》(1960)，《人力资本：特别是关于教育的理论和经济分析》(1964)，《时间配置论》(1965)，《婚姻理论》(1973)，《人类行为的经济分析》(1976)，《家庭论》(1981)。在这些论著中，《生育率的经济分析》是当代西方人口经济学的创始之作，《人力资本：特别是关于教育的理论和经济分析》是人力资本理论的经典，《家庭论》是微观人口经济学的代表作，这三部著作被西方经济学界称为“经典”的论著，对经济学的发展产生了极为深远的影响。1992年，贝克尔因“把微观经济分析的领域推广到包括非市场行为的人类行为和相互作用的广阔领域”而获得了该年度的诺贝尔经济学奖。

贝克尔的婚姻经济学思想

贝克尔把经济理论扩展到对人类非市场行为的研究，极大地开拓了微观经济分析的视野，贝克尔的研究进入了那些以前只有社会学家、政治学家、教育学家、人口学家、犯罪学家、人类学家和心理学家工作的研究领域，他在扩展经济学的“帝国疆界”方面所取得的进展是其他经济学家所难以企及的，是经济学新学术领域最富有成效的开拓者之一。贝克尔在研究人类行为时，总是力图用经济学的方法和逻辑去揭示其经济动因，在分析影响人类行为的各种因素时，始终把经济因素放在重要地位。

例如，贝克尔把婚姻看作是双方当事人执行一份没有完全定义的、由双方当事人基于成本—收益分析而达成的合同的过程；把婚前的约会看作是为了获取配偶信息所进行的投资；贝克尔认为一个人只有在从婚姻关系中得到的预期收益超过预期的成本时才愿意缔结婚约，缔结婚约的成本除包括购买住房、礼品、支付聘金等直接成本以外，还包括所放弃的其他选择所带来的收益——结婚的机会成本，如独身带来的好处或与更理想的对象“钻石王老五”结婚所带来的好处。由于信息的不完全，人们必须进行搜寻和约会，但这些活动是要花费时间和经济资源的，并且寻找的时间越长，从婚姻中的收益被推迟的时间也越长。一个理性的求偶者既会在额外的候选人中也会在目前的候选人中进行信息搜寻方面的投资，直到在每一个候选人上的边际成本等于边际收益为止。所以，一个人通常并不是与最理想的人建立家庭，而是与尽可能理想的人结婚，有时人们甚至会为了获得补偿或者同意在得到补偿的情况下与不理想的人结婚，如支付一笔嫁妆或承诺放弃赌博的习惯。在执行婚约的过程中，随着关于配偶的信息的不断积累，当维持婚约所带来的收益难以弥补维持婚约所发生的成本时，离婚就成为最优的选择了。在婚姻的前几年更加容易发生离婚，这是因为关于配偶的信息积累主要发生在结婚的最初几年中。意料之外的变化会增加婚约遭到解除的概率，因为意料之外的因素是无法事先进入到婚约缔结者的成本—收益分析中来的，如妻子意外地成为了炙手可热的电影明星，丈夫意外地遭遇到车祸而不幸地成为了截瘫病人。

贝克尔的家庭经济学思想

贝克尔把家庭看作是一种生产食品、“婴儿”等物品和各种服务的经济组织；男女劳动力在某些家庭生产活动中具有互补的性质，如在抚养子女的“生产”活动中，因此，组织家庭能够让家庭成员享受到由专业化和分工带来的效率。在这种分工中，男性一般从事市场工作，女性一般从事家庭工作，因此，妻子需要她们的丈夫提供一份长期“契约”，以保护她们不被遗弃或发生其他不幸。贝克尔认为，犯罪行为并不是处于理性分析之外的异常行为，也是根据个人利益进行成本收益（货币的与非货币的)分析的结果,如被逮捕和定罪的可能性,惩罚的代价与犯罪活动的可能收益,犯罪的净收益与从事合法职业的收益。

贝克尔认为,一个家庭对子女的需求量会和对其他家庭耐用消费品的需求量一样,随着家庭预算规模的增加而增加,并随着这些耐用消费品相对价格水平的上升而下降。孩子的"价格"包括直接(经济)成本和机会成本,年龄小的孩子更是时间密集型的商品,人口的生产取决于孩子的"价格"、父母的收入以及父母在孩子的质量和数量之间所做的权衡。但是,几乎所有的证据都表明,家庭的平均规模会随着家庭预算规模的增加而减小,这是因为,在绝大多数情况下,家庭收入的增加来源于家庭成员较高的工资,而抚养子女是需要花费父母时间的,这就意味着随着家庭收入水平的提高,孩子的相对价格也同时提高了,其他耐用消费品的相对价格则同时下降了,这是孩子这种家庭"耐用消费品"和其他家庭耐用消费品之间的不同之处。由于父母时间价值的增加提高了孩子的相对价格水平,家庭规模一般会随着家庭预算规模的增加而减少。但人们还是会要孩子的,这是因为人们能够从孩子身上获得足够的效用来补偿因此而支付的成本,孩子的衣食住行教育所花费的金钱以及父母的精力和时间资源,这些都是具有替代用处的稀缺经济资源。孩子在时间上的持续存在表明他们在某种程度上具有耐用消费品的特征,这样，他们就不得不与其他耐用消费品一起为争夺家庭预算的份额而进行竞争，更多的孩子就意味着更低档次的汽车或更少的度假。

贝克尔的歧视经济学思想

在《歧视经济学》一书中，贝克尔认为，在美国，不同集团，如黑人和白人之间在经济上存在的不平等本身并不能成为存在种族歧视的证据，在任何一个较为成熟市场经济中，个人或集团之间存在的收入差别主要反映了边际劳动生产率和工作时间的差别，除非我们能够把由于人力资本差距等因素造成的收入差距从总的收入差距中分离出来；否则，我们就无法真正确认“纯粹”由歧视带来的收入差距到底有多大。

贝克尔认为，纯粹的歧视是一种和对某个明星的喜爱一样的偏好，是可以对其进行经济学分析的。对歧视的消费和对由某个电影明星主演的影片的消费是一样的，消费量取决于歧视者的收入水平和“歧视”的价格。当歧视的价格非常低廉时，如在劳动力严重过剩的情况下，歧视者就可以放纵自己的歧视“偏好”，变得异常挑剔。如在今天的中国，各种歧视性的标准层出不穷，雇主在录用员工时非名牌大学的毕业生不要，省籍不对口味的也不要，长得不端庄的不要，甚至体重超标者也不要。

从理论上来讲，在一个接近于充分就业的竞争性市场中，长期内只有成本最低、最具有创新能力的生产者才能够最终生存下来，因为歧视的雇主要比不歧视的雇主具有更高的工资成本，或更低的生产效率和创新能力，所以，市场竞争在长期能够减少歧视的数量。

贝克尔歧视经济学的思想在公共政策上的含义就是政府在减少歧视过程中的作用不应该忽视掉提高市场的竞争性这一重要内容。

贝克尔的人力资本经济学思想

在《人力资本：特别是关于教育的理论和经济分析》一书中，贝克尔提出了现代形式的人力资本投资理论，扩展了他在芝加哥大学的同事舒尔茨先前所做的卓有成效的工作。

贝克尔的研究认为，一个人为了投资的目的而去上大学的决策取决于他对上大学的预期投资收益和成本的比较，上大学的成本包括直接成本和机会成本，投资者需要比较因上大学而预期增加的一生总收入的现值与直接成本和间接成本的现值。如果存在一个正的净现值，这种对人力资本的投资将会发生。这就是为什么年轻人比年龄大的人会接受更多的教育和在职培训。

这种分析所包含的基本原理适用于对所有的人力资本投资决策的分析。根据贝克尔的人力资本投资理论，我们发现，在存在较高失业率的情况下，在某一特定的工资率水平上，在存在信息不对称的情况下，雇主倾向于根据接受教育的年限来从具备应聘资格的排队等候者当中挑选雇员，在这种情况下，个人和政府都会加大对教育、培训活动的投资，远远超过了工作岗位的实际需要，对人力资本的过度投资往往只是提高了失业者的受教育水平。这种情况在发展中国家是非常普遍的，在许多还不富裕的发展中国家，在资本还非常稀缺的情况下，公共部门和家庭部门花费巨资培养了巨大数量的学术型博士，许多拥有博士学位的人坐在政府机构的办公室里做着高中生就足以胜任的简单的事务性工作。

贝克尔还是第一个区分“一般培训”和“特殊培训”的经济学家。一般培训不仅能够提高接受培训者在当前岗位中的边际生产力，而且还能够提高他们在将来可能从事的其他岗位上的边际生产力。而专门培训只能提高特定岗位上的边际生产力。所以，专门培训形成的往往是仅适用于特定工作环境的“专用资本”，一般培训形成的常常是可以用于广泛的工作环境的“通用资本”。

贝克尔的研究成果被学术界和决策者接受的过程是非常曲折、漫长和滞后的。毫无疑问，贝克尔不仅遇到了生存在这些非经济学传统学术领域里的土著学者们的顽强抵抗，而且在相当长的时间里还遭到了“经济学帝国”中保守势力的鄙视与压制，他所开拓的新的学术疆域在很长的时间里被拒绝纳入“官方”的“经济学帝国”的版图。不过，现在这些领域已经是一片生机勃勃的景象了，肥沃的土地供养着众多来到这片富饶土地上生活的经济学国度的殖民者们，他们和原住民一起已经在这片土地上收获了大量的学术成果。

结语：亚当·斯密的再一次复活，最后一次死亡后的复活

坚持自由主义思想的经济学家都将政府干预看作是西方国家出现滞胀的主要根源。随着20世纪80年代西方主要市场经济国家私有化改革的推进和政府不恰当经济管制的不断解除，特别是随着中国市场化经济改革的展开和苏联计划经济体系的崩溃，非国有化和私有化、解除管制、降低税率、自由贸易、利用市场的力量提高政府部门的效率成为了世界经济发展的主流，自由市场经济与计划经济或政府的积极干预之间在全球范围内的“全面战争”已经永久性地结束了，世界经济已经不可逆转地进入到了一个单向发展的全球化时代。当然，就具体的经济政策而展开的“局部战争”还会一直持续下去，特别是在经济的发展遇到困难时尤其如此，人们总是在陷入经济困境时本能地将目光投向政府。

经济学的历史仍然在延续，我们谁也不知道下一个段落应当如何书写。

附录 1

世界经济学期刊排名

这个排名来自 Kalaitzidakis 等人 2003 年在《欧洲经济学会期刊》上发表的研究报告。

1. *American Economic Review*
2. *Econometrica*
3. *Journal of Political Economy*
4. *Journal of Economic Theory*
5. *Quarterly Journal of Economics*
6. *Journal of Econometrics*
7. *Econometric Theory*
8. *Review of Economic Studies*
9. *Journal of Business and Economic Statistics*
10. *Journal of Monetary Economics*
11. *Games and Economic Behavior*
12. *Journal of Economic Perspectives*
13. *Review of Economics and Statistics*

14. *European Economic Review*

15. *International Economic Review*

16. *Economic Theory*

17. *Journal of Human Resources*

18. *Economic Journal*

19. *Journal of Public Economics*

20. *Journal of Economic Literature*

21. *Economics Letters*

22. *Journal of Applied Econometrics*

23. *Journal of Economic Dynamics and Control*

24. *Journal of Labor Economics*

25. *Journal of Environmental Economics*

26. *Rand Journal of Economics*

27. *Scandinavian Journal of Economics*

28. *Journal of Financial Economics*

29. *Oxford Bulletin of Economics*

30. *Journal of International Economics*

31. *Journal of Mathematical Economics*

32. *Journal of Economic Behavior and Organization*

33. *Social Choice and Welfare*

34. *American Journal of Agricultural*

35. *International Journal of Game Theory*

36. *Economic Inquiry*

37. *World Bank Economic Review*

38. *Journal of Risk and Uncertainty*

39. *Journal of Development Economics*

40. *Land Economics*

41. *International Monetary Fund Staff Papers*

42. *Canadian Journal of Economics—Revue Canadienne d'économique*

43. *Public Choice*

44. *Theory and Decision*

45. *Economica*

46. *Journal of Urban Economics*

47. *International Journal of Industrial Organization*

48. *Journal of Law Economics and Organization*

49. *Journal of Law and Economics*

50. *National Tax Journal*

附录 2

世界经济学研究机构排名

这个排名来自 Kalaitzidakis 等人 2003 年在《欧洲经济学会期刊》上发表的研究报告。

1. Harvard U (USA)
2. U Chicago (USA)
3. MIT (USA)
4. Northwestern U (USA)
5. U PA (USA)
6. Yale U (USA)
7. Princeton U (USA)
8. Stanford U (USA)
9. U CA，Berkeley (USA)
10. NY U (USA)
11. Columbia U (USA)
12. U CA，San Diego (USA)
13. U MI (USA)

14. UCLA （USA）

15. Cornell U （USA）

16. U TX，Austin （USA）

17. U Rochester （USA）

18. Tilburg U （Netherlands）

19. U WI-Madison （USA）

20. London School of Econ （UK）

21. U MN （USA）

22. Boston U （USA）

23. U Toronto （Canada）

24. U Montreal （Canada）

25. Brown U （USA）

26. Tel Aviv U （Israel）

27. Duke U （USA）

28. MI State U （USA）

29. U British Columbia （Canada）

30. Carnegie Mellon U （USA）

31. U MD （USA）

32. CA Institute of Technology （USA）

33. Queen's U Canada （Canada）

34. U College London, (IFS UK)

35. U IL (USA)

36. U Southern CA (USA)

37. Hong Kong U of Science and Technology (Hong Kong)

38. OH State U (USA)

39. U Cambridge (UK)

40. U Oxford (UK)

41. U Pittsburgh (USA)

42. PA State U (USA)

43. U IA (USA)

44. U CA, Davis (USA)

45. Johns Hopkins U (USA)

46. U Toulouse (France)

47. U VA (USA)

48. Hebrew U (Israel)

49. U Western Ontario (Canada)

50. U Autonoma Barcelona-IAE (Spain)

附录 3

历届经济学诺贝尔奖金获得者

［**2011**］ **托马斯·J. 萨金特**（Thomas Sargent），美国纽约大学教授，理性预期学派的领袖人物，与卢卡斯、巴罗和华莱士（Neil Wallace）一起开创合理预期学派，为新古典宏观经济学体系的建立和发展做出了杰出贡献，对宏观经济模型中预期的作用、动态经济理论与时间序列分析的关系等方面做出了开创性的工作。曾执教于明尼苏达大学、芝加哥大学和哈佛大学，目前任教于纽约大学。

克里斯托弗·A. 西姆斯（Christopher Sims），普林斯顿大学计量经济学教授。创立了名为向量自回归的方法来分析经济如何受到经济政策的临时性改变和其他因素的影响。西姆斯及其他研究者使用这一方法来研究诸如央行加息对经济的影响等诸多重要问题。

［**2010**］ 瑞典皇家科学院将 2010 年度的经济学诺贝尔奖金授予下面三位经济学家，以表彰他们在解释经济政策如何影响失业率方面所做出的杰出贡献。

[美] **彼得·戴蒙德**(Peter A. Diamond,1940—),1960 年毕业于耶鲁大学,获数学学士学位。1963 年,年仅 23 岁就获得了麻省理工学院经济学博士学位,之后任职于加州大学伯克利分校。自 1966 年起至今,戴蒙德一直在麻省理工学院任教。2002—2003 年,戴蒙德被推选为美国经济协会主席。

[美] **戴尔·默藤森**(Dale T. Mortensen,1939—),在美国威拉米特大学获得经济学学士学位,之后在卡内基—梅隆大学获得经济学博士学位,从 1965 年至今一直在美国西北大学任教。

[英] **克里斯托弗·皮萨里德斯**(Christopher A. Pissarides, 1948—),出生于塞浦路斯,1974 年开始定居英国。目前是伦敦政治经济学院的经济学教授,同时还是英国科学院院士。

[**2009**] [美] **艾利诺、奥斯特罗姆**(Elinor Ostrom,1933—),印第安纳大学教授,首位获得诺贝尔经济学奖的女性经济学家。

[美] **奥利弗·E. 威廉姆森**(Oliver Williamson,1932—),美国加州大学伯克利分校教授。他们因为在制度经济学研究方面所取得的成就而分享了 2009 年的诺贝尔经济学奖。

[**2008**] [美] **保罗·克鲁格曼**(Paul Krugman),普林斯顿大学教授,曾在麻省理工学院工作。克鲁格曼整合了此前经济学界在国际贸易和区域经济学方面的研究,在自由贸易、全球化以及推动世界范围内城市化进程的动因方面形成了一套理论。

［**2007**］［美］**莱昂尼德·赫维奇**（Leonid Hurwicz）、［美］**埃里克·马斯金**（Eric S. Maskin）和［美］**罗杰·迈尔森**（Roger B. Myerson）。

赫维奇 1917 年出生于苏联莫斯科，后加入美国国籍，目前为美国明尼苏达大学经济学荣誉教授，1990 年，他曾因在“机制设计理论”方面所做出的开创性工作而获得美国国家科学奖。马斯金 1950 年出生于美国纽约，现任美国普林斯顿进修学院教授。迈尔森 1951 年出生于美国波士顿，现任美国芝加哥大学教授。

这三位经济学家在“机制设计理论”或“激励机制设计理论”方面所做的杰出贡献是他们获奖的原因，这一理论有助于经济学家、各国政府和企业识别在哪些情况下市场机制有效，哪些情况下市场机制无效。此外，借助“机制设计理论”，人们还可以确定最佳和最有效的资源分配方式。

［**2006**］［美］**埃德蒙·费尔普斯**（Edmund Phelps），1933 年出生于美国伊利诺伊州，1959 年获耶鲁大学经济学博士学位，现任美国哥伦比亚大学经济系教授。

费尔普斯在上世纪 60 年代对当时盛行的“菲利普斯曲线”理论提出了挑战。根据这一理论，通货膨胀和失业之间存在稳定的负相关关系，即此消彼长的关系。费尔普斯指出，通货膨胀不仅与失业有关,也与企业和雇员对价格及工资增长的预期有关,他的研究成果对经济学理论的发展和宏观经济政策都产生了决定性的影响。2006年的诺贝尔经济学奖就是表彰他在加深人们对于通货膨胀和失业预期关系的理解方面所做的贡献。

[**2005**] [以色列和美国双重国籍]**罗伯特·奥曼**和[美] **托马斯·谢林**。他们通过博弈理论所做的分析增强了世人对合作与冲突的理解。

罗伯特·奥曼出生于德国法兰克福,1955年在美国麻省理工学院获得数学博士学位,现任耶路撒冷希伯来大学理性分析中心教授、纽约州立大学斯坦尼分校经济系和决策科学院教授、以色列数学俱乐部主席、美国经济联合会荣誉会员等。他还担任《国际对策论杂志》、《数理经济学杂志》、《经济学理论杂志》、《运筹学》等多家专业杂志社的编辑。奥曼是国际著名的博弈论专家,是我国青岛大学的名誉教授。

谢林曾在美国哈佛大学的肯尼迪学院教学长达20年,担任政治经济学教授。退休之后他还在美国的马里兰大学公共政策学院和经济系担任教授,并获得名誉退休教授称号。

[**2004**] [挪] **芬恩·基德兰德**(Finn E. Kydland),加州大学圣巴巴拉校区,卡内基—梅隆大学。**爱德华·普雷斯科特**(Edward C. Prescott),亚利桑那州立大学。他们的研究工作解

释了经济政策和技术的变化是如何驱动商业循环的。

[**2003**] [英] **克莱夫·格兰杰**(Granger),圣地亚加利福尼亚大学。[美] **罗伯特·恩格尔**(Robert Engle),纽约大学。计量经济学家。他们的主要贡献在于发明了处理许多经济时间序列两个关键特性的统计方法:时间变化的变更率和非平稳性。

[**2002**] [美国和以色列双重国籍]**丹尼尔·卡纳曼**(Daniel Kahneman),普林斯顿大学。**费农·史密斯**(Vernon L. Smith),乔治·梅森大学。

丹尼尔·卡纳曼将源于心理学的综合洞察力应用于经济学的研究,从而为一个新的研究领域奠定了基础。费农·史密斯为实验经济学奠定了基础,他发展了一整套实验研究方法,并设定了经济学实验的可靠标准。

[**2001**] **阿克洛夫**(Gedrge. A. Akerlof),伯克利加州大学。**斯宾塞**(A. Michael Spence),斯坦福大学。**斯蒂格利茨**(Joseph E. Stiglitz),哥伦比亚大学。由于他们在"对充满不对称信息的市场进行分析"的领域所做出的重要贡献而分享了2001年度的诺贝尔经济学奖。

[**2000**] **詹姆斯·赫克曼**(James J. Heckman)、**丹尼尔·麦克法登**(Daniel L. Mcfadden)。

芝加哥大学。伯克利加州大学。

在微观计量经济学领域的贡献。他们发展了广泛应用于个体和家庭行为实证分析的理论和方法。

[**1999**] **罗伯特·门德尔**(Robert A. Mundell)。纽约,哥伦比亚大学。

他对不同汇率体制下货币与财政政策以及最适宜的货币流通区域所做的分析使他获得这一殊荣。

[**1998**] **阿马蒂亚·森**[1](Amartya Sen)。剑桥大学。

对福利经济学几个重大问题做出了贡献,包括社会选择理论、对福利和贫穷标准的定义、对匮乏的研究等。

[**1997**] **罗伯特·默顿**(Robert C. Merton)和**迈伦·斯科尔斯**(Myron S. Scholes)。

哈佛大学。斯坦福大学。

前者对布莱克—斯科尔斯公式所依赖的假设条件做了进一步减弱,在许多方面对其做了推广。后者给出了著名的布莱克—斯科尔斯权定价公式,该法则已成为金融机构设计金融新产品的思想方法。

[**1996**] **詹姆斯·莫里斯**(James A. Mirrlees)和**威廉·维克瑞**(William Vickrey)。

---

① 阿马蒂亚·森,1998 年获诺贝尔经济学奖,他的外祖父是泰戈尔的秘书,森在 1933 年出生后他的名字就是泰戈尔起的,意思是“另一个世界的”。

剑桥大学。哥伦比亚大学。

前者在信息经济学理论领域做出了重大贡献，尤其是不对称信息条件下的经济激励理论。后者在信息经济学、激励理论、博弈论等方面都做出了重大贡献。

［1995］　**罗伯特·卢卡斯**（Robert Lucas）。芝加哥大学。

倡导和发展了理性预期与宏观经济学研究的运用理论，深化了人们对经济政策的理解，并对经济周期理论提出了独到的见解。

［1994］　**约翰·纳什**（John F. Nash）、**约翰·海萨尼**（John Charsanyi）、**莱因哈德·泽尔腾**（Reinhard Selten）。

普林斯顿大学。伯克利加州大学。波恩大学。

这三位数学家在非合作博弈的均衡分析理论方面做出了开创性的贡献，对博弈论和经济学的发展产生了重大影响。

［1993］　**道格拉斯·诺斯**（Douglass North）和**罗伯特·福格尔**（Robert W. Fogel）。

圣·路易斯华盛顿大学。芝加哥大学。

前者建立了包括产权理论、国家理论和意识形态理论在内的“制度变迁理论”。后者用经济史的新理论及数理工具重新诠释了过去的经济发展过程。

［1992］　**加里·贝克**（Gary S. Becker）。芝加哥大学。

将微观经济理论扩展到对人类相互行为的分析,包括市场行为。

[1991] **罗纳德·科斯**(Ronald H. Coase)。芝加哥大学。

揭示并澄清了经济制度结构和函数中交易费用及产权的重要性。

[1990] **默顿·米勒**(Merton M. Miller)、**哈里·马科维茨**(Harry M. Markowitz)、**威廉·夏普**(William F. Sharpe)。

芝加哥大学。纽约市立大学。斯坦福大学。

他们在金融经济学方面做出了开创性的工作。

[1989] **特里夫·哈维默**(Trygve Haavelmo)。奥斯陆大学。

建立了现代经济计量学的基础性指导原则。

[1988] **莫里斯·阿莱斯**(Maurice Allais)。巴黎国立矿业高等学院。

在市场理论及资源有效利用方面做出了开创性的贡献。对一般均衡理论重新做了系统的阐述。

[1987] **罗伯特·索洛**(Robert M. Solow)。麻省理工学院。

在经济增长理论方面做出了卓越的分析,提出了经济增长的"索洛模型",指出长期经济增长主要依靠技术的进步而不是劳动和资本的投入,极大地推进了我们对经济增长的认识。

[1986] **詹姆斯·布坎南**(James M. Buchanan,JR)。乔治·

梅森大学。

将政治决策的分析与经济理论结合起来,使经济分析扩大和应用到社会—政治法规的选择。

[1985] **弗兰科·莫迪利安尼**(Franco Modigliani)。麻省理工学院。

第一个提出储蓄的生命周期假设。这一假设在研究家庭和企业储蓄中得到了广泛应用。

[1984] **理查德·斯通**(Richard Stone)。剑桥大学。

国民经济统计之父,在国民账户体系的发展中做出了奠基性贡献,极大地改进了经济实践分析的基础。

[1983] **罗拉尔·德布鲁**(Gerard Debreu)。伯克利加州大学。

概括了帕累托最优理论,创立了相关商品的经济与社会均衡的存在定理。

[1982] **乔治·斯蒂格勒**(George J. Stigler)。芝加哥大学。

在工业结构、市场的作用和公共经济法规的作用与影响方面,做出了创造性的重大贡献。

[1981] **詹姆士·托宾**(James Tobin)。耶鲁大学。

阐述和发展了凯恩斯的系列理论及财政与货币政策的宏观模型。在金融市场及财政支出决定、就业理论、价格理论等方面做出了重要贡献。

[1980] **劳伦斯·罗·克莱因**(Lawrence R. Klein)。宾夕法尼亚大学。

以经济学说为基础,根据现实经济中实有数据所做的经济性估计,建立起经济体制的数学模型。

[1979] **威廉·阿瑟·刘易斯**(William Arthur Lewis)和**西奥多·舒尔茨**(Theodore W. Schultz)。

普林斯顿大学。芝加哥大学。

在经济发展方面做出了开创性研究,深入研究了发展中国家在发展经济中应特别考虑的问题。

[1978] **赫伯特·亚·西蒙**(Herbert A. Simon)。卡内基—梅隆大学。

对于经济组织内的决策程序进行了研究,这一有关决策程序的基本理论被公认为是关于公司决策最具创新意义的见解。

[1977] **戈特哈德·贝蒂·俄林**(Bertil Ohlin)和**詹姆斯·爱德华·米德**(James E. Meade)。

斯德哥尔摩经济学院。剑桥大学。

对国际贸易理论和国际资本流动做了开创性研究。

[1976] **米尔顿·费里德曼**(Milton Friedman)。芝加哥大学。

创立了货币主义理论,提出了永久性收入假说。

［1975］ **列奥尼德·康托罗维奇**（Leonid Vitaliyevich Kantorovich）和**佳林·库普曼斯**（Tjalling C. Koopmans）。

莫斯科科学院。耶鲁大学。

前者在 1939 年创立了享誉全球的线形规划要点，后者将数理统计学成功运用于经济计量学。他们均对资源最优分配理论做出了开创性的贡献。

［1974］ **弗里德里希·哈耶克**（Friedrich Augusy Von Hayek）和**冈纳·缪尔达尔**（Gunnar Myrdal）。

弗莱堡大学。斯德哥尔摩大学。

他们深入研究了货币理论和经济波动，并深入分析了经济、社会和制度现象之间的互相依赖关系。

［1973］ **华西里·里昂惕夫**（Wassily Leortief）。哈佛大学。

发展了投入产出方法，该方法在许多重要的经济问题中得到了运用。

［1972］ **约翰·希克斯**（John R. Hicks）和**肯尼斯·约瑟夫·阿罗**（Kenneth J. Arrow）。

牛津大学。哈佛大学。

他们深入研究了经济均衡理论和福利理论。

［1971］ **西蒙·库兹列茨**（Simon Kuznets）。哈佛大学。

在研究人口发展趋势及人口结构对经济增长和收入分配关

系方面做出了巨大贡献。

[1970] **保罗·安·萨缪尔森**(Paul A. Samuelson)。麻省理工学院。

他发展了数理和动态经济理论,将经济科学的研究提高到了一个新的水平。他的研究涉及经济学的几乎全部领域。

[1969] **拉格纳·费里希**(Ragnar Frisch)和**简·丁伯根**(Jan Tinbergen)。

奥斯陆大学。荷兰经济学院。

他们开创性地采用动态模型来分析经济进程。他们都是杰出的计量经济学家,前者是计量经济学的奠基人。

附录 4

走向世界的中国经济学家

2000 年,“欧洲经济学会(EEA)”(European Economic Association)资助总部设在比利时的权威机构“欧洲经济学与统计学研究中心(ECARES)”对全世界的经济学家和学术型经济研究机构进行排名,负责该研究项目的是 Tom Coupe 博士,作为研究结果的论文发表在《欧洲经济学会杂志》上。这个排名是建立在 Econlit 数据库[①] 1994—1998 年的数据的基础之上的,这个数据库索引了世界上 650 种主要的学术型经济学杂志。在 1994—1998 年间,大约有 55 000 人在这些经济学文献上发表过学术论文。ECARES 对从这 55 000 名经济学家中筛选出的 1 000 名杰出学者进行了排名,并对各种影响排名的因素进行了综合考虑,尽量剔除了一些主观和随机因素带来的干扰,因此其排名为世界上的大多数学术型经济学家所认可。

---

① 这是由美国经济学会开发的经济学文献数据库,与美国 Thomson 公司开发的“社会科学文献索引(SSCI)”同为世界上使用最多的经济学学术文献数据库,SSCI 的经济学来源期刊为 172 种。

但我们必须承认，一方面，这项研究使用的是十年前的数据，显然并不能够完全反映出世界经济学研究在今天的格局，但在另一方面我们同样也必须承认，在过去的十余年间，中国大陆经济学研究的整体学术水平并没有发生显著的变化。因此，这个“滞后”的排名还是能够让我们大体了解大陆经济学研究在世界经济学学术领域的总体地位，也能够让我们大体了解一下在世界经济学研究领域比较成功的学术型华人经济学家的概况。

研究结果显示，美国的哈佛大学经济系在所有的 11 种统计方法中均为经济学文献的最大产出者，芝加哥大学经济系、宾夕法尼亚大学经济系、麻省理工学院经济系、斯坦福大学经济系、加州大学伯克利分校经济系、西北大学经济系、密歇根州立大学经济系、耶鲁大学经济系和哥伦比亚大学经济系，分列第二名至第九名。在总排名中第一个非美国的经济学研究机构是“伦敦经济学院”，排在第 16 名，第一个非英语国家的研究机构是荷兰的“提尔堡大学”，列第 42 名。在前 100 名研究机构中，有 64 个在美国，22 个在欧洲，8 个在加拿大，2 个在亚洲，2 个在澳大利亚，2 个在以色列。

在世界前 1 000 名学术型经济学家中，共有 19 名华人经济学家，他们的研究成果无一是在大陆的学术机构中取得的，这非常清楚地说明了大陆经济学研究水平和世界经济学研究水平之间的差距。

有许多大陆民众非常熟悉的经济学者可能并不在其中，这一方面可能是因为这项排名所选择的数据不够完整，且只能够反映一个学者发表国际学术论文的质量和数量，并不能够反映学术著作的出版情况、学术演讲的情况；另一方面大陆经济学家的工作语言主要为汉语，其研究成果难以被国际经济学期刊所接受，但更主要的是我们经常把一个经济学者的媒体知名度或其对中国经济体制改革的贡献等同于这个经济学者的学术水平，其实评价一个学者的学术贡献和其对一个社会体制变革的影响所采用的标准是完全不一样的。

尽管对于一个经济学家来说，能够对社会的改革和进步做出自己的贡献其价值和重要性丝毫不亚于取得学术上的成就，但学术影响力、社会影响力、经济影响力和对中国经济体制改革的历史贡献毕竟是不同的事情，不应也不能混为一谈。就好像我们不能把“科学家”和“工程师”混为一谈、或将改革的总设计师邓小平理解为一个杰出的理论经济学家一样。“学术影响力”考察的是一个经济学家在国际国内一流学术刊物上发表学术性论文的数量和被引用的次数，“经济影响力”考察的是一个经济学家对经济增长、经济体制改革和宏观经济政策的影响能力，“社会影响力”考察的是一个经济学家的社会关注度、话语可信度和社会责任感。

2000 年 Tom Coupe 世界经济学家排名(1994—1998)华人经济学家一览表

序号	姓名	排名	所在研究机构	序号	姓名	排名	所在研究机构
1	石寿永	48	美国印第安纳州立大学	11	邹恒甫	526	世界银行
2	钱颖一	71	加州大学伯克利分校	12	吴仰儒	548	美国新泽西州州立大学
3	李　其	149	美国得州农机大学	13	文　一	736	美国康奈尔大学
4	李龙飞	160	美国俄亥俄州立大学	14	邹至庄	743	美国普林斯顿大学
5	白聚山	184	美国波士顿大学	15	温　泉	752	加拿大文森大学
6	陈志武	202	美国耶鲁大学	16	李稻葵	772	清华大学
7	艾春荣	279	美国佛罗里达大学	17	谢丹阳	794	香港科技大学
8	王　江	305	美国麻省理工学院	18	范延琴	818	加拿大文森大学
9	张俊森	357	香港中文大学	19	李　伟	963	美国弗吉尼亚大学
10	田国强	421	美国得州农机大学	20	朱振良	1024	(不详)

石寿永,全球排名第 48 位,在所有华人经济学家中位居第一。目前任教于美国印第安纳州立大学,加拿大国籍。石寿永 1965 年出生于湖北天门,1984 毕业于原“华中理工大学”(现“华中科技大学”)管理学院物资管理工程专业,后到加拿大多伦多留学,1988 年获得经济学硕士学位,1991 年获得经济学博士学

位。1991—1993 年任加拿大文森大学助理教授，1994—1997 年任加拿大皇后大学助理教授，1998—1999 年在美国芝加哥联邦储备银行任访问学者，1997—2000 年任加拿大皇后大学副教授，现为美国印第安纳州立大学经济系终身教授。其主要研究领域包括宏观经济理论、国际经济理论、货币理论与政策。他的主要学术贡献是建立了一套能够修正原有货币理论不足的新的货币基础理论。

钱颖一，全球排名第 71 位，华人经济学家中排名第二。目前任教于加州大学伯克利分校。钱颖一 1981 年毕业于清华大学数学系，之后到美国耶鲁大学留学并获管理科学与运筹学硕士学位(1984)，同时取得了美国哥伦比亚大学统计学硕士学位(1982)，1990 年获得美国哈佛大学经济学博士学位。1990—1999 年任美国斯坦福大学经济系助理教授，1999—2001 年任美国马里兰大学经济学系教授，2001 年起任加州大学伯克利分校经济学教授。2006 年起担任清华大学经济管理学院院长。他的主要研究领域是比较经济学、转型经济学、制度经济学和中国的经济改革与发展。钱颖一也是海外华人经济学家中在国内发表中文文章最多的经济学家之一。

李其，排名第 149 位，目前任教于美国得州农机大学经济系，计量经济学家。李其 1982 年毕业于北京大学天体物理学专业，1985 年获得南开大学物理学硕士学位，1991 年获得美国得州农机大学经济学博士学位。其后在古尔夫大学任教六年，印第安纳州立大学任教一年，1999 年回到得州农机大学任教，现为该校经济系终身教授。李其目前已有六十多篇有影响的学术论文在国际经济学主要刊物发表，其中在 1994—1998 年期间就有 28 篇。主要研究领域为平行数据计量经济学、非参变量统计及其在经济学中的应用。

李龙飞，排名第 160 位，计量经济学家，现任教于美国的俄亥俄州立大学。李龙飞出生于广东省，10 岁时迁往澳门居住，1971 年毕业于香港中文大学联合学院数学系，获得数学学士学位，1972 年获得加拿大滑铁卢大学数学硕士学位，1974 年获得该校的哲学硕士学位，1976 年和 1977 年分别获得纽约罗彻思特大学经济学硕士和博士学位。1980—1984 年任美国明尼苏达大学经济系副教授，随后担任美国密歇根大学和香港科技大学经济系教授。李龙飞的主要研究领域是微观计量经济学和理论计量经济学。

白聚山，排名第 184 位，美国波士顿大学终身教授。白聚山 1982 年毕业于南开大学数学系获得学士学位，1985 年在该校获得硕士学位。1988 年在美国宾夕法尼亚大学获得经济学硕士学位，1992 年获得加州伯克利分校经济学博士学位。1992—1998

年任教于麻省理工学院，1998 年进入波士顿大学并于 1999 年成为该校的终身教授。白聚山的主要研究领域为计量经济学、实证金融。

陈志武，排名第 202 位，美国耶鲁大学金融学教授。陈志武 1983 年毕业于中南工业大学，1986 年获得长沙工学院（国防科技大学）系统工程硕士学位，1990 年获得耶鲁大学经济学博士学位。1990—1995 年在美国威斯康星—麦迪逊大学任教，1995—1999 年在美国俄亥俄州立大学任教，1997 年晋升为金融学副教授，1999 年晋升为金融学教授。现为耶鲁大学终身教授、清华大学经济管理学院特聘教授、北京大学光华管理学院特聘教授。陈志武的主要研究领域为资本市场、证券投资管理、金融资产定价、公司治理、公司财务及宏观经济理论。1994 年其论文“人口老龄化和资本市场”获得“默顿·米勒研究奖”（这个奖是以 1990 年诺贝尔经济学奖获得者默顿·米勒教授命名的），其论文“日本基于产出为基础的资产定价”获得“芝加哥期权交易所研究奖”，1999 年陈志武还获得了“Pacesetter”研究奖。

艾春荣，排名第 279 位，美国佛罗里达大学经济系教授。艾春荣 1982 年毕业于原华中理工大学经济管理学院获学士学位，1985 年在该校获得硕士学位，1985 年后留学美国并于 1990 年获得麻省理工学院经济学博士学位，师从诺贝尔经济学奖获得者麦克法登教授。1990—1991 年任美国经济研究局研究员。1991—1994 年任教于美国纽约州立大学石溪分校。1994 年起担任美国佛罗里达大学惠灵顿工商管理学院经济系终身教授。现为中国教育部长江学者、清华大学首批特聘教授、华中科技大学兼职教授，2006 年起担任上海财经大学统计学系主任。

艾春荣的主要研究领域为微观计量经济学、实证金融学、实证产业组织经济学等。他在这一领域的主要学术贡献是，对如何确定半参数估计值的上界这一问题给出了初步的解，并在此基础上，为如何找到一个半参数估计值这一问题提供了完美的解决方法。其研究成果推进了半参数计量经济学方法对时间序列数据分析的系统性与一致性。

王江，排名第 305 位，现任教于美国麻省理工学院，金融学教授。王江 1981 年毕业于南京大学物理系，1985 年获得美国宾夕法尼亚大学物理学博士学位，1990 年获得该校沃顿商学院金融学博士学位，毕业后进入麻省理工学院斯隆管理学院金融学系任教至今。2007 年起任美国金融学会理事，王江还兼任着纳斯达克股票市场股份有限公司经济顾问委员会委员和纽约联邦储备银行金融顾问委员会委员。王江 2002 年出任清华大学中国金融研究中心首任主任，2006 年担任上海交通大学经济与金融学科高级学术顾问，2008 年起担任上海交通大学“上海高级金融学院”首任院长。王江的主要研究领域涉及证券市场模型、资产定价理论、风险管理、投资管理、金融创新和国际金融等。

张俊森，排名第357位，香港中文大学教授。张俊森1962年出生于浙江温州，1983年毕业于浙江大学，获得工学学士学位，1985年在南开大学获得MBA学位后，到加拿大迈克马斯特大学留学，1990年获得经济学博士学位。其后到澳大利亚国立大学、加拿大西安大略省大学执教，1993年开始任教于香港中文大学，现任香港中文大学社会科学学院副院长、经济学系讲座教授（在英国及香港的大学体制里，讲座教授为最高级别的教授）、香港经济学会会长，曾任香港政府中央政策组兼职成员、香港政府策略发展委员会成员等职务。张俊森的主要研究领域为劳动和人口经济学、发展经济学、应用计量经济学以及中国经济研究。

田国强，排名第421位，美国得州农机大学（“农业与工程”，A&M）教授。田国强1980年毕业于原华中理工大学数学系，1982年获得该校数学硕士学位，1987年获得美国明尼苏达州立大学经济学博士学位，博士论文获得全美斯隆博士论文奖。1991年被A&M大学破格提前晋升为副教授并获终身任期教授资格，并被聘为德国康思藤斯大学的客座教授，1995年被提前晋升为终身任期正教授，1998年被得州A&M大学授予杰出人才奖。现为得州A&M大学经济系教授、上海财经大学经济学院院长、上海财经大学高等研究院院长、长江学者讲座教授、中国国务院发展研究中心国际技术与经济研究所顾问，同时也是香港科技大学、华中科技大学、西北大学等大学的兼职教授，曾任清华大学特聘教授。

田国强的研究领域涉及经济机制设计理论、动态经济学和一般均衡理论。他提出了一个在“非规范性”的经济环境中，即有限经济自由和不完全市场体系环境下的企业产权理论。该理论认为，只有经济制度环境得到适当的改变，社会才能有效地变换产权的所有制安排形式。

邹恒甫，排名第526位，世界银行的经济学家。邹恒甫1962年出生于湖南岳阳华容县，1982年获得武汉大学经济学学士学位，之后分别于1986年和1989年在哈佛大学获得经济学硕士和博士学位，1989年起进入世界银行工作。邹恒甫1998年、2002年两次获得中国国家自然科学基金委“杰出青年基金奖”，1999年入选国家教育部跨世纪人才资助计划，2005年首批人文社会科学长江学者讲座教授，中国中非合作基金首席经济学家，“朝圣山学社”首位来自中国大陆的成员。曾任北京大学光华管理学院一级教授，应用经济系系主任，北京大学董辅礽经济学讲座教授，武汉大学经济科学高级研究中心主任。现任世界银行研究部资深研究员和深圳大学经济科学高级研究中心首任主任。邹恒甫的主要研究领域包括公共财政和宏观经济学。

吴仰儒，排名第548位，现任职于美国新泽西州州立大学罗格斯商学院，南开大学商学院亚太公司治理研究中心副主任，中央财经大学金融发展研究院副院长，新泽西金融服务研究中心学术顾问。吴仰儒1982年毕业于湛江水产学院（今“广东海洋大学”），1986年到美国留学，1987年在特拉华州立大学获得硕士学位，1993年在俄亥俄州立大学获得博士学位。1993—1995年任教于香港中文大学，担任助理教授，1995—1997年任教于美国的西弗吉尼亚大学商学院，担任助理教授，1997年开始任教于新泽西州州立大学罗格斯商学院，副教授，2000起任终身教授。其主要研究领域为金融经济学、公司治理、投资学、公司理财、国际金融、金融机构与市场、资产定价理论。

文一，排名第736位，美国康奈尔大学经济系教授。1987年华西医科大学毕业获医学学士学位，1991年在印第安纳州的圣母大学获得硕士学位，1996年获得美国爱阿华大学的经济学博士学位，曾先后在香港科技大学、圣路易斯联邦储备银行任职，现为清华大学经济管理学院经济系教授。其研究领域主要为宏观经济理论。

邹至庄，排名第743位，美国普林斯顿大学经济系教授，台湾中华研究院研究员。邹至庄1929年出生，1951年获得康奈尔大学学士学位，1952年获得芝加哥大学经济学硕士学位，1955年获得芝加哥大学经济学博士学位。邹至庄先后任教于MIT和康奈尔大学经济系，1962—1970年任职于IBM公司的Thomas J. Watson研究中心，任研究员和经济研究主任，1970年起任教于普林斯顿大学经济系并担任计量经济学研究中心主任。

邹至庄教授是世界著名的计量经济学家，是研究耐用品需求函数的先驱，他最重要的学术贡献是“邹氏检验”(Chow-test)。1960年邹至庄发表了其成名作“Tests of Equality Between Sets of Coefficients in Two Linear Regressions”，其后便以“邹氏检验”闻名于国际经济学界，目前该检验方法在计量经济学研究方面得到了广泛的应用。该论文在发表后的几年内为全球经济学界引用次数最高的论文之一。1989年，美国的《教育经济学报》(*Journal of Economic Education*)“全球经济学家排行榜”，邹至庄名列第28位，是华裔经济学家中排名最高的。1993年美国密歇根大学“经济学俱乐部”评选的“29位伟大的经济学家”，他也是唯一上榜的华裔经济学家，排名第八。

温泉，排名第752位，加拿大文森大学经济系教授。温泉于1985年毕业于吉林大学数学系，1988年获得美国安大略大学的硕士学位，1991 年获得博士学位后到文森大学任教。他和石寿永在研究方面曾有过不少合作。

李稻葵，排名第 772 位，清华大学金融系教授。1985 年毕业于清华大学经济管理学院管理信息工程系，获得学士学位，1985—1986 年到哈佛大学做访问学者，1992 年获得哈佛大学经济学博士学位。1992—1999 年任美国密歇根大学经济系助理教授及该校中国研究中心研究员，1997—1998 年担任美国斯坦福大学胡佛研究所研究员，从事中国经济改革的制度变迁研究。1999—2004 年担任香港科技大学经济系副教授、经济发展研究中心副主任。2004 年至今担任清华大学经济管理学院教授、金融系主任，中国与世界研究中心主任。主要研究领域为转轨经济学、公司金融、国际经济学和中国经济。

谢丹阳，排名第 794 位，香港科技大学商学院经济系教授。1983 年毕业于武汉大学，获数学学士学位，1992 年在芝加哥大学获经济学博士学位。1991—1993 年间，担任加拿大蒙特利尔大学助理教授，1993—1998 年，任香港科技大学助理教授，1998 年开始任副教授，2000—2004 年担任 IMF 高级经济学家。现任香港科技大学经济系教授、系主任。其主要研究领域为内生增长理论和宏观经济学。

范延琴，排名第 818 位，加拿大文森大学教授。本科毕业于吉林大学数学系，1987 年和 1990 年分别获得加拿大西安大略大学的经济学硕士和计量经济学博士学位。1989—2001 年任职于加拿大温莎大学经济系，2001 年后担任文森大学经济系教授。主要研究领域为非参数统计和计量。

李伟，排名第 963 位，美国弗吉尼亚大学商学院教授。他本科毕业于上海交通大学，之后在美国密歇根大学获得经济学博士学位，先后任教于密歇根大学、杜克大学商学院、弗吉尼亚大学达顿商学院，现任教于中国长江商学院。他的主要研究领域为转型经济学、中国经济改革、新兴金融市场、公共金融学和国际经济与金融等。

朱振良，排名第 1 024 位，毕业于吉林大学国际贸易专业，对重工业对国民经济以及个人福利的多元非线性超回归分析、制造业的小波函数、复变实变函数和泛函分析在国际贸易中的应用均取得了良好的学术成果。

2003 年 Tom Coupe 再次进行了世界经济学家和学术型经济学研究机构的排名（如下），这次排名是建立在 1990—2000 年间经济学国际学术论文发表情况的基础之上，所以与 2000 年公布的排名自然不同。我们将对新出现的大陆经济学家或对祖国大陆的经济学教育与研究、对祖国的经济建设乐于做出贡献的海外华人经济学家做一简单介绍。我们也将对个别虽然没有出现在这个排名中，但长期以来一直关心祖国经济建设和经济学发展的海外杰出经济学家做简单的介绍。

2003 年 Tom Coupe 世界经济学家排名(1990—2000)华人经济学家一览表

序号	姓名	所在研究机构	序号	姓名	所在研究机构
1	石寿永	加拿大皇后大学	12	肖　诚	南加州大学
2	林毅夫	北京大学	13	龙修怀	香港科技大学
3	钱颖一	加州大学伯克利分校	14	邹至庄	普林斯顿大学
4	田国强	得州农机大学	15	张俊森	香港中文大学
5	王　平	不明	16	王儒渠	加拿大皇后大学
6	李　其	得州农机大学	17	白聚山	MIT
7	周　林	美国杜克大学	18	黄有光	澳大利亚莫纳什大学
8	徐　文	香港大学	19	吴仰儒	美国新泽西州立大学
9	李龙飞	香港科技大学	20	陈志武	耶鲁大学
10	朱敬一	台湾大学	21	杨小凯	澳大利亚莫纳什大学
11	王　江	MIT	22	谢丹阳	香港科技大学

林毅夫，世界银行首席经济学家，高级副行长。林毅夫原名林正义，1952 年出生于台湾宜兰，福建漳州人。1971 年台湾大学农业工程系肄业，1978 年在台湾政治大学企业管理研究所获硕士学位，1982 年在北京大学经济系获政治经济学硕士学位，1986 年在美国芝加哥大学经济系获经济学博士学位，1987 年在耶鲁大学经济发展中心做博士后研究。1987—1990 年任国务院农村发展研究中心发展研究所副所长，1990—1993 年任国务院发展研究中心农村部副部长，1994 年与其他学者共同创办了北京大学中国经济研究中心并任主任。1987—1992 年任北京大学

经济系副教授，1993 年起担任教授。

林毅夫是中华人民共和国第七、八、九、十届政协全国委员会委员，全国政协经济委员会副主任，2005 年起任中华全国工商业联合会副主席，2005 年获选第三世界科学院院士。2008 年 2 月起任世界银行首席经济学家兼高级副行长。林毅夫的主要研究领域为发展经济学、农业经济学和制度经济学。

洪永淼，1964 年出生，1985 年毕业于厦门大学物理系获理学学士学位，1986—1987 年就读于中国人民大学“经济学培训中心”获结业证书，1987—1988 年就读于厦门大学经济学系，获经济学硕士学位，1988—1993 年就读于美国加州大学（圣地亚哥分校）经济学系，获经济学博士学位，师从 2003 年诺贝尔经济学奖获得者克莱夫·格兰杰爵士和赫柏特·怀特教授。1993—1998 年担任康奈尔大学经济学系及统计学系助理教授，1998—2001 年担任副教授，2001 年担任终身教授。2002—2005 年担任清华大学经济学院经济学系特聘教授，现为美国康奈尔大学经济学和统计学系终身教授，厦门大学王亚南经济研究院院长。主要研究领域为计量经济学、时间序列分析及应用、金融计量经济学、中国经济和金融市场实证研究。

杨小凯，1948 年出生，原名杨曦光，1967 年遭监禁两个月，1968 年尚为高中生的他参加造反派的活动，因写了一张主张实行巴黎公社式的民主政体的《中国向何处去?》的大字报而获“反革命”罪,被监禁十年,于1978年恢复自由。1983年因为无法办理出国留学手续,在邹至庄教授的呼吁和中央领导的批示下,湖南省高级法院审判委员会才最终撤销了原先对其的判决,正式宣告其无罪。杨小凯在劳动改造期间向一同关押的右派知识分子学习了大量的大学课程,包括英语和微积分这样的课程。1978年出狱后到湖南大学数学系旁听了一年。1980年考入了中国社会科学院数量经济研究所学习数量经济学,并于1981年获得硕士学位,1982年被武汉大学破格聘为助教、讲师(当时政府尚未对其平反),后经到武汉大学访问的邹至庄的推荐于1983年赴美留学,进入普林斯顿大学经济系攻读博士学位,1988年被正式授予经济学博士学位,1990年被澳大利亚莫纳什大学聘为终身教授,1993年被澳大利亚社会科学院选为院士,1994年出任美国路易维尔大学经济系教授、哈佛大学国际发展中心客座研究员,1995年出任台湾大学客座教授,1996年出任台湾“中央研究院”客座研究员,1998年任哈佛大学客座教授。2001年1月成为莫纳什大学经济系首席教授。2004年7月因肺癌在澳大利亚去世。

黄有光,1943年出生于马来西亚,1961年中学毕业后到新加坡求学,于1966年在新加坡南洋理工大学获得经济学硕士学位，23 岁时就在顶级学术刊物《政治经济杂志》(*Journal of Political Economy*)上发表学术论文，1971 年在澳大利亚悉尼大学获得经济学博士学位，现任澳大利亚莫纳什大学经济系教授，澳大利亚社会科学院院士。主要研究领域为福利经济学、公共政策和中国经济问题。曾创作过一部武侠小说《千古奇情录》，开创了经济学家的一大先例。

刘遵义，1944 年出生于贵州省遵义市，是已故国民党元老于右任的外孙。刘遵义 1964 年毕业于斯坦福大学获得物理学和经济学两个学士学位。1969 年获加州大学伯克利分校经济学博士学位。从 1966 年起刘遵义开始担任斯坦福大学经济系的教师，1967 年被提升为助理教授，1973 年晋升为副教授，1974 年加入美国国籍，1976 年被晋升为教授，1992 年出任斯坦福大学经济系首任“李国鼎发展经济学”讲座教授。1990 年至 1992 年刘遵义担任斯坦福大学经济系副主任，1992 年至 1996 年担任斯坦福大学亚太研究中心主任，从 1997 年开始担任斯坦福大学经济政策研究中心的主任。同时，他还是斯坦福大学国际问题研究所的研究员和胡佛研究所的高级研究员。1982 年 7 月刘遵义被选为中国台湾“中央研究院”的第 14 届院士，并被聘为该院经济研究所的特邀研究员。从 2004 年 6 月开始担任香港中文大学校长。

刘遵义还在国际机构、政府机构和商界担任过许多职务。他曾是美国能源部、美国联邦储备金监察小组、世界银行、亚洲开发银行、兰德公司、联合国计划开发署、美国花旗银行、中国银行和其他大量公共与私人机构的顾问，同时还是美国加州政府经济政策咨询委员会的成员。从1979年至1985年，刘遵义担任加利福尼亚州银行的行长，并是执行委员会的成员；1987年至1988年，为美国“财产公平委员会”的主任；1989年至1992年，先期为斯坦福大学投资委员会理事会成员，后又为斯坦福大学财政委员会理事会成员；从1998年开始，刘遵义担任中国台湾基金公司的主管。

近十多年来，刘遵义在中国参加了大量的学术活动，并同政府机构有广泛的合作关系。他是中国社会科学院数量经济与技术经济研究所的荣誉研究员，是中国科学院系统科学研究所、中国人民大学、清华大学经济管理学院和汕头大学等单位的荣誉教授。2009年4月开始担任新成立的“中国国际经济交流中心”的执行副理事长。

他的主要研究领域是：经济发展、经济增长、应用微观经济学、计量经济学和东亚经济。他的论著包括：《农民教育和农业效率》(与 Dean T. Jamison 合著)、《计量经济学和资本成本》、《转型中的朝鲜：经济和社会改革前景》(与 Chanq-HoYoon 合著)和《美国对华直接投资》(与 Kwok-Chiu Fung 和 Joseph S. Lee 合著)。同时,他还在专业刊物上发表了 160 多篇论文。

朱敬一,1978 年台湾大学法学院商学系工管本科毕业,1985 年获得美国密歇根大学经济学博士,现任中华经济研究院董事长,中央研究院经济所特聘研究员,台湾大学会计系及经济系合聘教授。1998 年获选中央研究院院士,2000 年任中央研究院经济研究所特聘研究员,2000—2003 年担任中央研究院副院长,2003 年获得"总统"科学奖,为岛内人文社会科学领域迄今唯一获得者。主要研究领域为人口经济、法律经济、财政学。主要著作有《基础经济学》、《经济学视野》、《给青年知识追求者的信》等。

徐文,香港大学毕业,华盛顿大学经济学博士。

周林,1959 年出生,现任美国亚利桑那州立大学商学院凯瑞讲座教授,上海交通大学经济学院教授。周林于 1978—1982 年在复旦大学数学系学习并获学士学位,1982—1985 年任教于复旦大学管理科学系。当年,由邹至庄先生主持、联系,福特基金会在中国人民大学和复旦大学举办了三届"中美合作经济学研究生班(福特班)"。福特基金会还每年资助 60 名中国学生去美国留学,命名为"邹至庄经济学留学计划",在全国重点高校中选拔佼佼者,周林便是当年第一届的第一名。1985—1989 年留学普林斯顿大学并获经济学博士学位。1989—1994 年在耶鲁大学经济系任助理教授、副教授，曾在欧洲、澳大利亚、日本和中国香港地区多所高校担任访问学者和客座教授。为 2006 年教育部长江学者讲座教授。他的主要研究领域为微观经济学、博弈论、计量经济学、福利经济学和公共选择理论。

龙修怀，香港科技大学教授。1982 香港大学经济系本科，1985 年芝加哥大学经济学硕士，1987 年芝加哥大学经济学博士。

王儒渠，1985 年毕业于复旦大学数学系获数学学士学位，1989 年获美国波士顿大学经济学硕士学位，1991 年获得该校经济学博士学位。

肖诚，1965 年毕业于台湾大学获学士学位，1968 年获得牛津大学哲学学士学位，1970 年获得美国斯坦福大学统计学硕士学位，1972 年获得斯坦福大学经济学博士学位。

文贯中，美国三一学院经济系终身教授，上海财经大学高等研究院特聘教授。上海人，国民党中将文强之子，文天祥之后，文强也是毛泽东的表弟。1978 年任中国社会科学院翻译，1979 年考入复旦大学，1982 年获得硕士学位后留校任教。1983 年到美国芝加哥大学做访问学者，1989 年获得经济学博士学位，1994 年起任三一学院经济系副教授，为 1999—2000 年度中国留美经济学会会长。主要研究领域为中国的农村制度、“文化大革命”中的大饥荒、城市化问题以及全球化对中国的影响。

谢国忠，独立经济学家，金融投资顾问，财经评论员。1960年出生于上海，1983年毕业于上海同济大学路桥系，1987年获麻省理工学院土木工程学硕士学位，1990年获麻省理工学院经济学博士。同年加入世界银行，担任经济分析员。在世行的五年时间，谢国忠所参与的项目涉及拉美、南亚及东亚地区，并负责处理世行在印尼的工商业发展项目以及其他亚太地区国家的电讯及电力发展项目。1995年，加入新加坡的Macquarie Bank，担任企业财务部的联席董事。1997年加入摩根士丹利，任亚太区首席经济学家。2006年9月，离开摩根士丹利。

郎咸平，香港中文大学商学院公司财务讲座教授，长江商学院授课教授，演说家。

郎咸平1956年出生于中国台湾，1986年获得美国宾夕法尼亚大学沃顿商学院金融学博士。曾经任教于沃顿商学院、密歇根州立大学、俄亥俄州立大学、纽约大学和芝加哥大学。1994年起任教于香港中文大学商学院，2002年起授课于长江商学院金融学院。郎咸平是著名的公司治理和企业战略专家，也是大陆著名的电视财经评论员和畅销书作者。主要研究领域为公司监管、项目融资、公司财务、兼并与收购、破产等。

张五常,香港经济学家,也是香港著名的专栏作家和演讲大师。1935 年生于香港,后避乱暂居广西,1945 年返港。少年时因为学业欠佳,屡遭留级,终被开除。辍学后随父从事小本经营。1957 年到加拿大补习中学课程,1959 年进入洛杉矶加州大学经济系学习经济学,师从现代产权经济学创始人阿尔钦,八年后获得经济学博士学位,并凭借其博士论文《佃农理论》在美国经济学界崭露头角。1967 年到芝加哥大学做博士后研究,与科斯和弗里德曼共事,后来两人均获得了诺贝尔经济学奖。1991 年罗纳德·科斯在诺贝尔经济学奖的领奖演说中特别提到,张五常和另外两位经济学家也为获奖成果做出了突出的贡献。1969 年后任教于华盛顿大学。1982 年返港,任香港大学经济金融学院教授、院长。返港后,他凭借一系列用中文写作的专栏文章在华文世界中获得了广泛的影响,这一时期的代表作是《卖桔者言》(1984)、《中国的前途》(1985)和《再论中国》(1987)等。1997 年当选美国西部经济学会会长,是第一位获此荣耀的非美国本土学者。2000 年退休。退休后完成了三卷本经济学著作《经济解释》,2005 年末又出版了其英文学术文集《张五常英语论文选》。

其主要研究领域为制度经济学,在交易费用理论、合约理论等方面均做出了杰出的贡献,就是因为这个原因他在 1991 年获邀作为嘉宾参加了当年的诺贝尔经济学奖的颁奖典礼。

其主要英文论文有《佃农理论》(1969)、《合约的结构与非私产的理论》(1970)、《蜜蜂的寓言》(1973)、《儿女的产权与婚姻合约》(1974)、《价格管制理论》(1974)、《社会耗费之谜》(1978)、《企业的合约性质》(1983)、《新制度经济学》(1993)、《交易费用的范式》(1998)。中文作品主要有《经济解释》、《中国的前途》、《再论中国》等。其代表作为《佃农理论——引证于中国的农业及台湾的土地改革》(1969)和《经济解释》。

陈小红,纽约大学经济学教授,计量经济学家。1986 年获得武汉大学数学学士学位,1993 年获得加州大学圣地亚哥分校经济学博士。主要研究领域为半参数计量经济学、时间序列分析、实证宏观经济学和实证金融学。

吴敬琏,1930 年出生,中国著名经济学家,中国经济体制改革的重要推动者,国务院发展研究中心研究员,中国社会科学院教授。吴敬琏为江苏南京人,1948 年考取金陵大学文学院,入学后转入经济系学习,1953 年毕业于上海复旦大学经济系(院系合并),1954 年分配至中国社会科学院经济研究所工作。参加了孙冶方主编的《社会主义经济论》和于光远主编的《政治经济学》教科书的写作。1983 年赴美国耶鲁大学做访问研究员。现任国务院发展研究中心研究员、中国人民政治协商会议全国委员会常务委员、全国政协经济委员会副主任，中国社会科学院研究生院教授、上海中欧国际工商学院教授、中国国际金融有限公司首席经济学家，中国石油股份有限公司独立董事，《比较》、《改革》、《洪范评论》杂志的主编，连续五次获得“孙冶方经济科学奖”。从1979年开始，吴敬琏的研究重点逐步转向了关于社会主义经济制度的比较研究方面，是经济体制比较研究学科的开创者之一。他在国内较早开始倡导进行市场化取向的全面改革，是我国理论界“市场经济论”和“整体改革论”的主要代表人物，因不妥协地坚持进行市场化取向的经济体制改革而被称为“吴市场”。其在不同时期的理论主张和政策建议，如建设市场经济、建立现代公司制度、国有企业战略性改组、大力发展中小企业、推动法治建设等，在理论上均能始终一贯，在实践上极大地推动了中国的经济体制改革和社会进步。他的主要研究领域为比较制度分析、现代公司治理、中国经济改革的理论与实践。

厉以宁，北京大学教授，中国著名经济学家，中国经济体制改革的重要推动者。江苏仪征人，1930年出生。1951年考入北京大学经济系，后留校任教至今。1985—1992年任北京大学经济管理系主任，1993—1994年任北京大学工商管理学院院长，1994—2005年任北京大学光华管理学院院长，2005年任北京大学光华管理学院荣誉院长。十届全国人大常委，政协第十一届全国委员会常委，中国民主同盟中央委员会副主席。“孙冶方经济科学奖”获得者。其主要研究领域为社会主义经济理论与实践、国民经济管理、比较经济史、管理制度和管理哲学。

白重恩，清华大学经济管理学院经济系教授。1979—1983年间就读于中国科技大学数学系，获得数学学士学位。1985—1993年期间，就读于美国加州大学圣地亚哥分校数学系及哈佛大学经济系，分获数学博士学位（1988）和经济学博士学位（1993）。1992—1999年任教于美国波士顿学院，1999—2004年在香港大学经济金融学院先后任助理教授和副教授，2002—2004年兼任清华大学经济管理学院特聘教授，2004年任清华大学教授，经济系主任。2006年获得国家杰出青年科学基金，2007年被中华人民共和国教育部评为长江学者。他也同时担任了多个社会职务，包括国际杂志《世界银行经济评论》和《中国经济评论》的编委，国内杂志《经济金融年刊》、《中国金融学》及《经济学（季刊）》的编委或学术顾问，清华大学《经济学报》联执主编，著名智库布鲁金斯学会非常驻高级研究员，美国哥伦比亚大学IPD研究所公司治理研究员，美国密歇根大学戴维逊研究所研究员，并曾任世界银行咨询顾问。

其主要研究领域为公共经济学、发展与转轨经济学、公司治理、金融、产业经济学、中国经济等。

许成钢，伦敦经济学院教授。1950年出生于杭州，1952年迁居北京。1967年到黑龙江建设兵团做农工，1976年回北京，通过自学，1979年考入清华大学研究生院，1982年获清华大学机械工程硕士学位，1982—1984年在中国科学院计量与技术经济研究所任助理研究员。1984年受哈佛大学燕京学社资助赴美留学，1991年获哈佛大学经济学博士。1991年后到伦敦经济学院经济系任教，1998年任教授，同时兼任香港科技大学客座教授、清华大学特聘教授、全欧经济政策研究中心(CEPR)高级研究员。曾任哈佛大学国际发展中心及哈佛大学国际发展研究所高级研究员，曾为世界银行、国际货币基金组织、联合国发展署、英国财政部、欧洲开发银行等多家国际机构做过顾问。

其主要研究领域为：发展经济学、法与经济学、企业治理与企业财务、金融监管、中国经济、经济转轨。

魏尚进，美国哥伦比亚商学院金融学经济学教授，清华大学特聘教授。1986年获复旦大学世界经济专业学士，1988年获宾夕法尼亚州立大学经济学硕士学位，1991年获加州大学伯克利分校商业管理硕士(金融学)，1992年获加州大学伯克利分校经济学博士学位。曾经担任哈佛大学肯尼迪学院公共政策副教授及助理教授(1992—2000)、布鲁金斯研究所国际经济学新世纪讲席高级研究员(1999—2001)和世界银行顾问(1999—2000)。

还担任 *Journal of International Economics*、*Journal of International Financial Markets*、*Institutions & Money* 等学术期刊的副主编和 *The China Economic Review* 的顾问编委。目前为美国哥伦比亚商学院教授和清华大学特聘教授。主要研究领域为：国际金融、国际贸易、中国经济、宏观经济学、发展经济学。论文发表于 *Economic Policy*、*Review of Economics and Statistics*、*Journal of International Money and Finance*、*Journal of International Economics*、*Journal of Development Economics*、*Journal of Finance*、*Journal of Political Economy* 等。著有 *The Globalization of the Chinese Economy*（2002）、*Economic Globalization: Finance, Trade, and Policy Reforms*（2000）、*Regional Trading Blocs in the World Economic System*（合著，1997）等学术专著。

徐滇庆，1967 年毕业于东北大学自动控制系，1981 年获得华中科技大学经济管理硕士学位。1984 年进入美国匹兹堡大学经济系，1990 年获得博士学位。1990—1994 年任教于加拿大萨斯卡彻温大学经济系，1994 年至今，为加拿大西安大略大学休伦学院经济系终身教授和北京大学、香港科技大学、中山大学、东北大学、西安交通大学、华中科技大学、东北财经大学、江西财经大学、云南大学客座教授。在 1994—1995 年期间，担任中国留美经济学会会长，1997—1998 年期间担任中国留美经济学会副会长。2000 年任长城金融研究所所长，被誉为“中国民营银行之父”。2003 年获“孙冶方经济科学奖”。著有《国际贸易税制与经济改革策略》、《政府与经济发展》、《政府在经济发展中的作用》等书，主编了《中国经济改革：分析、反省、前瞻》、《台湾经验和海峡两岸发展策略》、《中国国有企业改革》、《中国税制改革》等书，并在北美、欧洲和中国大陆、香港、台湾的经济学学术杂志和报刊上发表了百余篇论文。

参考文献

1. [英]埃里克·罗尔:《经济思想史》(陆元诚译),商务印书馆,1981年第1版。

2. [美]马克·斯考森:《现代经济学历程》(马春文译),长春出版社,2006年1月第1版。

3. [美]尼古拉斯·庞巴:《46位大经济学家和36本名著》,海南出版社,2003年4月第1版。

4. 卢现祥:《西方新制度经济学》,中国发展出版社,1996年2月第1版。

5. 马克思、恩格斯:《马克思恩格斯选集》,人民出版社,1995年版。

6. 列宁:《列宁全集》,人民出版社,1984年版。

7. 宿景昌:《试论新时期中国政治经济学理论体系的演变和发展》,《山东教育学院学报》,2004年第3期。

8. 奚兆永:《"苏联范式"之争和马克思主义经济学的命运》,《南京大学学报》,1999年第4期。

9. 樊纲:《"苏联范式"批判》,《经济研究》,1995年第10期。

10. 马克思:《资本论》,人民出版社,1975 年版。
11. 马健行:《帝国主义理论形成史》,中国社会科学出版社,1993 年版。
12. 古兹尼亚耶夫:《社会主义政治经济学对象问题》,人民出版社,1984 年版。
13. 布哈林:《过渡时期经济学》,三联书店,1981 年版。
14. 龚育之等:《毛泽东的读书生活》,人民出版社,1996 年版。
15. 顾海良:《关于西方马克思主义经济学的当代意义》,《国外理论动态》,2003 年第 7 期。
16. 赵准:《美国马克思主义经济理论研究、教育现状一瞥》,http://www.pinggu.org/bbs/b4i68665.html。
17. 程恩富:《日本马克思主义经济学研究的特点与近况》,《毛泽东邓小平理论研究》,2005 年第 1 期。
18. 泰萨・莫里斯・铃木:《日本经济思想史》(厉江译),商务印书馆,2000 年第 1 版。
19. 李坚、章军:《日本还是俄国——论马克思主义传入中国的主渠道》,《沈阳师范学院学报》(社科版),1996 年第 2 期。
20. 刘明远、马健行:《资本主义经济学理论的历史回顾》,载自杨国昌主编的《马克思经济学体系的继承与发展》,北京师范大学出版社,2004 年 6 月第 1 版。

21. 吴易风:《毛泽东论苏联经济学范式》,http://www.china001.com/show_hdr.php? xname=PPDDMV0。
22. 吴易风,顾海良,张雷声,黄泰岩:《马克思主义经济理论的形成和发展》,中国人民大学出版社,1998。
23. [波]卢森堡:《资本积累论》,三联书店,1959年版。
24. [德]考茨基:《帝国主义》,三联书店,1964年版。
25. [德]希法亭:《金融资本》,商务印书馆,1994年版。
26. 魏埙:《现代经济学论纲》,山东人民出版社,1997第2版。
27. 魏埙:《马克思主义经济学在西方经济学界》,《南开学报》,2001年第1期,第11—18页。
28. 许涤新:《政治经济学辞典》,人民出版社,1980年3月第1版。
29. 于洋:《马克思主义政治经济学的实践与发展》,《人民日报》,2003年9月2日。
30. 杨金海:《〈共产党宣言〉与中华民族的百年命运》,《光明日报》,2008年7月3日。
31. 王怀超:《马克思主义发展史纲》,中共中央党校出版社,2002年第1版。
32. 马洪:《什么是社会主义市场经济》,中国发展出版社,1993年10月第1版。
33. [英]戴维·麦克莱伦:《卡尔·马克思传》(王珍译),中国人民大学出版社,2005年7月第1版。

34. [英]M. C. 霍华德，J. E. 金（顾海良总译校）：《马克思主义经济学史》，中央编译出版社，2003年第1版。
35. [法]法共中央经济部：《国家垄断资本主义》，商务印书馆，1982年版。
36. [波]布·明兹：《现代资本主义》，东方出版社，1987年版。
37. [苏]德拉基列夫主编：《国家垄断资本主义——共性与特点》，上海译文出版社，1982年版。
38. 郝玲：《马克思》，中国和平出版社，2002年8月第2版。
39. 蒋自强等：《当代西方经济学流派》，复旦大学出版社，1996年2月第1版。
40. 胡代光：《西方经济学说的演变及其影响》，北京大学出版社，1998年4月第1版。
41. [英]约翰·伊特韦尔：《新帕尔格雷夫经济学大辞典》，经济科学出版社，1996年第1版。
42. [美]罗杰·巴克豪斯：《西方经济学史》（莫竹岑译），海南出版社、三环出版社，2007年4月第1版。
43. [美]斯坦利·布鲁：《经济思想史》（邸晓燕译），北京大学出版社，2008年1月第1版。
44. [英]沙克尔顿：《当代十二位经济学家》（陶海栗译），商务印书馆，1992年10月第1版。

45. [美]熊彼特:《从马克思到凯恩斯》(韩宏译),江苏人民出版社,2003 年 11 月第 2 版。
46. [美]小罗伯特·埃克伦德:《经济理论和方法史》(杨玉生等译),中国人民大学出版社,2001 年 8 月第 1 版。
47. [意]阿列桑德罗·荣卡格利亚:《西方经济思想史》,上海社会科学出版社,2009 年 8 月。
48. 鲁友章、李宗正主编:《经济学史》,人民出版社,1983 年。
49. 陈岱孙主编:《政治经济学史》,吉林人民出版社,1981 年。
50. 赵行大:《马克思主义在日本的传播及其特点》,《日本问题研究》,1995 年第 2 期。
51. 王振中:《20 世纪西方马克思主义经济学发展轨迹》,《经济学动态》,2003 年 12 期,第 18—19 页。
52. 张连仲:《马克思在巴黎》,《马克思主义与现实》,1998 年第 3 期,第 25—28 页。
53. 刘建飞:《马克思在伦敦》,《马克思主义与现实》,1998 年第 3 期,第 18—24 页。
54. 张培刚:《农业与工业化(上卷):农业国工业化问题初探》,华中科技大学出版社,2002 年 10 月。
55. 陆安:《留日学生与马克思主义在中国的传播》,《青岛教育论坛》,1997 年第 2 期,第 6—9 页。

后　记

书写完了，似乎就不再属于我了。把它交给出版社印刷出来，就仿佛把自己的一件东西送给了别人，送给了读者，甚至不愿意再看它一眼。

我为什么不愿意回头望？我一直在想这个问题。

也许是因为我已和它在一起太久，有点厌倦了。

也许是因为我已经无法让它更完美了。完美可以用比较级吗？

也许是因为我缺乏自信，我担心自己嘲笑自己，于是就像鸵鸟一样把自己的头赶紧埋藏在别的专题里，好让我没有时间和精力去脸红。

作为读者的您，如果我的工作让您失望了，请您原谅我，我从来就不是个很自信的人。如果您觉得它还能对得住您宝贵的时间，那么我就在您的心中大大地松了一口气。我是不敢奢求有功，但求无过，尽管我的写作一直是奔着立大功的目标去做的。好与不好，我都要承担。

读书是寂寞的，思考是寂寞的，写作也是寂寞的，在这个热闹的时代做这些事情注定就是寂寞的。我要在心里感谢许多人，他们一直陪着我。请原谅我没有与你们一起分享他们的名字和我的那份感情，一切尽在不言中。

但有两个人的名字我必须和你们分享，就是本书的策划编辑范海燕女士和责任编辑刘涛小姐。她们均是杰出的经济学编辑，富有专业智慧和出版经验，对自己所从事的这份事业总是充满热忱，和她们一起合作的短暂经历已经成为我记忆中最值得回忆的段落之一。

感谢我的同行和学生们，这本书中的许多内容其实就是我们之间经年累月的讨论、质疑、争论和批评的产物，谢谢你们。

感谢孙玮、张俊涛、贾京京、司素敏、顾海旭、郑明慧、张芳、周江霞、魏欣欣、朱萍萍，他们对此书的完成贡献甚多，承担了许多诸如收集资料、核对数据、征询反馈意见、文字录入、文稿校对、复印打印、出版联络等工作。

本书得到北京师范大学马克思主义学院学术著作出版基金资助，并经院学术委员会审定。

我最应该感谢的是各位读者，是你们的阅读赋予了我工作的大部分价值和意义，否则，我的写作在很大意义上就成为了一种私人爱好。

最后我要向商务印书馆致敬，说实在的，我真担心我的拙作不能为这个伟大的名字添色。

祝各位平安幸福。

谢谢。

卫志民

2011年12月8日于北京